图说精益管理系列

精益仓储管理
实战手册
（图解升级版）

杨 华 —— 主编

化学工业出版社
·北京·

内容简介

《精益仓储管理实战手册（图解升级版）》一书由导读（如何做好精益仓储管理）和精益与仓储管理认知、精益仓储之管理基础、精益仓储之入库管理、精益仓储之储存管理、精益仓储之出库管理、精益仓储之安全管理、精益仓储之库存控制、精益仓储之库存盘点、精益仓储之料账管理等内容组成。

本书内容深入浅出、文字浅显易懂，注重实操性，具有较强的借鉴意义。作者将深奥的理论用平实的语言叙述，让初次接触精益仓储管理的人员能一目了然。同时，本书利用图解的方式，能使读者阅读更轻松透彻、应用更方便。另外，本书特别突出了企业在管理实践过程中的实际操作要领，读者可以结合自身情况分析和学习，并直接应用于实际工作当中。

图书在版编目（CIP）数据

精益仓储管理实战手册：图解升级版 / 杨华主编
. —北京：化学工业出版社，2024.1
（图说精益管理系列）
ISBN 978-7-122-44427-1

Ⅰ.① 精⋯　Ⅱ.① 杨⋯　Ⅲ.① 仓库管理-手册　Ⅳ.
① F253-62

中国国家版本馆CIP数据核字（2023）第215951号

责任编辑：陈　蕾　夏明慧　　　　　　装帧设计：溢思视觉设计／程超
E-mail: isstudio@126.com
责任校对：边　涛

出版发行：化学工业出版社（北京市东城区青年湖南街13号　邮政编码100011）
印　　刷：北京云浩印刷有限责任公司
装　　订：三河市振勇印装有限公司
787mm×1092mm　1/16　印张14³/₄　字数280千字
2024年2月北京第1版第1次印刷

购书咨询：010-64518888　　　　　　售后服务：010-64518899
网　　址：http://www.cip.com.cn
凡购买本书，如有缺损质量问题，本社销售中心负责调换。

定　　价：69.80元

前言

制造业是立国之本、兴国之器、强国之基。打造具有全球水准的制造业体系，是提升国家综合国力与核心竞争力、保障国家安全和促进可持续发展的必由路径。中国制造不仅实现了数量扩张，而且在质量上也有了显著提升。然而近年来，市场和竞争格局的变化，对中国制造提出了严峻的挑战，迫使中国制造的竞争重心向中高端产品和中高端市场转移。

那么中国制造应该如何制胜中高端产品和中高端市场呢？关键在于可靠的品质以及合理的成本。为了实现这两点，中国制造需要从硬件和软件两方面入手。

首先，在硬件上提升生产工艺和装备水平，即通过大幅投资生产工艺和生产设备来提高产品质量和生产效率。其次，在软件上提高生产管理水平，普及卓越绩效、六西格玛、精益管理、质量诊断、质量持续改进等先进生产管理模式和方法，即通过完善内部管理手段和提高管理能力来实现产品质量及生产效率的提升。

其中的精益管理要求企业的各项活动都必须运用"精益思维"（lean thinking）。"精益思维"的核心就是以最小资源投入，包括人力、设备、资金、材料、时间和空间，创造出尽可能多的价值，为顾客提供新产品和及时的服务。其最终目标必然是企业利润的最大化，但管理中的具体目标，则是通过消灭生产中的一切浪费来实现成本的最低化。

很多的企业在追求精益管理，但是效果不佳，基于中国企业精益管理的现状，为适应智能制造和管理升级的需要，我们组织相关制造业咨询专家，结合制造业实际情况，编写了本书。

本书的特点是内容深入浅出、文字浅显易懂，注重实操性，具有很强的借鉴意义。笔者将深奥的理论用平实的语言讲出来，让初次接触精益管理的企业管理人员也能看得懂。同时，本系列图书利用图解的方式，能使读者阅读更轻松、理解更透彻、应用更方便。另外，本系列图书特别突出了企业在管理实践过程中的实际操作要领，读者可以结合自身情况进行分析和学习，并直接应用于工作中，具有很高的参考价值。

《精益仓储管理实战手册（图解升级版）》一书包括导读（如何做好精益仓储管理）和精益与仓储管理认知、精益仓储之管理基础、精益仓储之入库管理、精益仓储之储存管理、精益仓储之出库管理、精益仓储之安全管理、精益仓储之库存控制、精益仓储之库存盘点、精益仓储之料账管理等内容。

　　由于笔者水平有限，加之时间仓促，书中难免出现疏漏与缺憾，敬请读者批评指正。

编者

目录

如何做好精益仓储管理

情景导入

　　小张是一家电子厂的仓管员，现在正作为该厂的代表，参加由市总工会举办的"××市优秀仓管员培训班"的培训。

　　"大家好，我是杨华，是这次负责给大家培训的老师。在今后的三天里，将由我和大家共同探讨学习。如果不介意，就请叫我'杨老师'吧！在座的各位都是来自一线的仓管员，相信都是公司的佼佼者！所以，今天很荣幸能与各位共同分享知识和交流经验。"杨老师做了简单的开场白。"好了，现在轮到各位做自我介绍了！请大家放松，相信通过这三天的学习，我们彼此都会成为好朋友，所以不必拘谨。"杨老师说道。

　　"好的，请第二排穿白衬衣的男士做一下自我介绍，大家欢迎！"有一位学员举了手，杨老师便叫他做自我介绍。

　　"大家好！很高兴认识各位，我叫李××，我来自××公司，我们公司是一家摩托车配件厂。以后大家就叫我'小李'吧！希望在这三天的学习中，我们都能成为好朋友！"学员小李开了一个很好的头。

　　"我叫张××，很高兴认识大家，我所在的公司是一家安防电子公司。以后大家就叫我'小张'吧！"学员小张的自我介绍言简意赅。

　　……

大家纷纷做完了自我介绍。

"听完大家的自我介绍，我觉得都说得很好，不愧都是各家公司最好的仓管员！现在，我们开始进入正题。今天，我们的第一堂课，就是请大家讨论'什么样的仓储才算是精益仓储'。"杨老师说道。

"我认为精益仓储，首先要有一个好的仓储规划，并且在各环节实行精益管理。""我认为要建设精益仓储，仓管员一定要做到……"大家纷纷发表自己的看法。

"好！现在请各位用一句话概括，将你们所认为的精益仓储所需要的条件写在纸上。我会进行一个小小的统计！现在，请写好之后交给我，然后休息十分钟，咱们继续讨论。"

……

"好的，我刚才已经将大家的看法做了一个小小的汇总并进行了分类。

对精益仓储的要求，主要包括以下七个方面，即仓储规划、入库管理、储存管理、出库管理、安全管理、库存管理、料账管理。但是在现在的大环境下，智能仓储也是精益仓储的一部分，我将在接下来的课程中，一一同大家共同学习讨论。"

备注：人物简介

（1）杨老师：杨老师是 ×× 咨询公司首席顾问，多家培训机构的签约培训师，服务过多家大型企业。杨老师授课诙谐幽默、针对性强，能把管理当故事讲。通过理论与实际的整合，形成了一套可行的、实战的精益仓储管理运作模式，受到各地企业界和政府部门的热烈响应，并得到一致好评。

（2）小张：小张是某家电子工厂的一名仓管员，这次作为该厂的优秀仓管员来参加此次优秀仓管员培训。

（3）其他仓管员：在本书情景导入中的小李、小赵、小王等均为参加本次培训的仓管员。

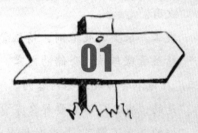

第一章
精益与仓储
管理认知

情景导入

今天上课前，杨老师先是用投影仪播放了一组图片，有的是仓库货架的照片，有的是员工搬运物品的照片，有的是仓库布局图……最后出现的是智能仓储系统的无人搬运车的图片。

杨老师："大家好！请大家看这些图片，这些图片中的场景大家都认识吧？"

"认识。""是仓库的图片。""这张是大家正在收货入库。""这张是正在发料。"学员们争先恐后地回答杨老师的问题。

杨老师展示了两张仓库物品堆放图片："那么大家请看这两张照片有什么区别？"

"左边这张非常杂乱，而右边这张非常整齐。"小李答道。

杨老师："是的。大家都是各厂的优秀仓管员，你们的仓库是图片上的哪一种呢？"

"杨老师，我工厂的仓库一般比较杂乱。我们每天收料发料特别忙，没有那么多时间整齐摆放物料啊。"

杨老师："那么，大家有受过精益管理的培训吗？"

"没有。"

"我工厂很少开展培训，精益管理的培训都没听说过。""我在网上看过关于精益生产、精益管理与精益仓储的内容，但是我觉得这些都是那些大的集团公司才会推广，我工厂应该不会涉及这些内容的。"

"是的，我工厂不需要那么深奥的管理。"

"好的，我了解了。"这时杨老师又展示了一张无人搬运车的图片："那么这张图片大家认识吗？"

学员们纷纷表示没见过。

杨老师："这张图片展示的是当前最先进的无人搬运车。"

学员们纷纷惊叹，这能省好多人力，但又很担心，若是有了这种车工厂不需要自己了，岂不是失业了。

杨老师："给大家看这张图片是要告诉大家，科技一直在进步，大家也需要进步。所以，今天先给大家讲讲精益管理、精益仓储以及工业4.0。"

第一节　精益管理的起源

随着人们生活水平的不断提高，国内的消费者更愿意为高品质的商品支付溢价。但国内相关企业可能还没有为此做好准备。随着企业间竞争的不断加剧和整体经济增长的逐步放缓，企业面临的经营环境也日益严峻。例如，企业内部生产成本的上升（包括劳动力成本、原材料成本、物流成本等）及企业外部环境的变化等都给我国企业带来了新的挑战。在这个新的背景下，我国企业必须实施精益管理。

一、精益生产发展路线

随着人类生产技术的进步以及市场竞争环境的改变，商品生产经历了手工小批量生产、机械化大规模生产、同步化批量生产、精益生产和个性化定制生产的发展过程，具体过程如图 1-1 所示。

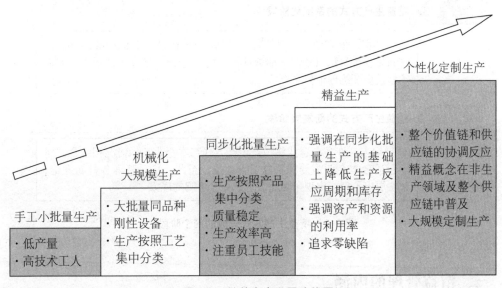

图 1-1　精益生产发展路线图

二、精益生产方式的形成

20 世纪初，福特汽车公司致力于推行大批量生产方式，1908 年，公司实现了通用零件的互换，生产率得到大幅度提升。随后，大规模生产模式逐步建立、成长和完善。

实行大规模批量生产方式的厂家获得了巨额利润。20世纪70年代，日本汽车大规模进入美国市场，美国汽车工业面临巨大压力。美国的工业界和学术界开始重视与思考这一重大的市场变化。美国麻省理工学院在做了大量的调查和对比后认为，高质量、低消耗进行生产的方式是最适用于现代制造企业的一种生产组织管理方式，他们将这种生产组织管理方式称为精益生产方式。精益生产方式的形成过程可以划分为以下四个阶段，具体内容如图1-2所示。

阶段一	大规模批量生产阶段
	大规模批量生产阶段主要是指20世纪初，从福特汽车公司创立第一条汽车生产流水线开始，这是实现工业化生产的里程碑

阶段二	精益生产方式的形成与完善阶段
	第二次世界大战后，日本丰田公司开始多品种、小批量地生产汽车。随着日本汽车制造商大规模在海外设厂，丰田高质量、低消耗的生产方式传播到了美国

阶段三	精益生产方式的系统化阶段
	1985年美国麻省理工学院开启了"国际汽车计划"（international motor vehicle program，IMVP）研究项目，经过近10年的研究，提出并完善了精益生产的理论体系

阶段四	精益生产方式的新发展阶段
	20世纪末，许多大企业将精益生产方式与本企业实际情况相结合，建立起适合本企业需要的精益管理体系。至此，精益管理各种新理论、方法层出不穷，出现了百花齐放、百家争鸣的现象

图1-2　精益生产方式形成的四个阶段

三、精益管理的内涵

精益管理就是用精益求精的思想对企业实施管理，以求实现企业效益最大化。那么，精益管理与传统管理的侧重点有哪些不同呢？

相对于传统的粗放式管理模式，精益管理就是要将具体的量化标准渗透到企业管理的各个环节中。精益管理要求精简冗余的消耗，没有冗余的机构设置和产业流程，对企业的人力、物力和财力资源进行最大化的利用,以最小的成本投入实现企业效益的最大化,为客户提供高附加值的产品或服务。精益管理的"精"是指:除了减少不必要的物质资源消耗外,还要精简不必要的生产环节、销售环节及管理环节等,以及减少人力资源、财力资源、物力资源、时间资源和社会资源等的消耗,具体内容如图1-3所示。

图1-3 精益管理的内涵

第二节 精益仓储管理

精益仓储是指企业在仓储活动中运用"精益思维",是精益生产的一部分。精益仓储管理的核心就是消除仓储管理过程中存在的或者潜在的浪费。实施精益生产,必须正确地确定价值识别浪费,然后让创造价值的各个活动不间断地"流动"起来,为企业带来效益。

一、仓储管理的阶段与作用

仓储管理是指对仓储货物的收发、结存等活动的有效控制,其目的是为企业保证仓储货物的完好无损,确保生产经营活动的正常进行,并在此基础上对各类货物的活动状况进行分类记录,以明确的图表方式表达仓储货物在数量、品质方面的状况,以及所在的地理位置、部门、订单归属和仓储分散程度等情况的综合管理形式。

(一)仓储管理的阶段

仓储管理包括物品入库、保管和出库三个阶段。物品入库是基础、保管是中心、出库是关键。如图1-4所示的是××企业仓储管理的流程。

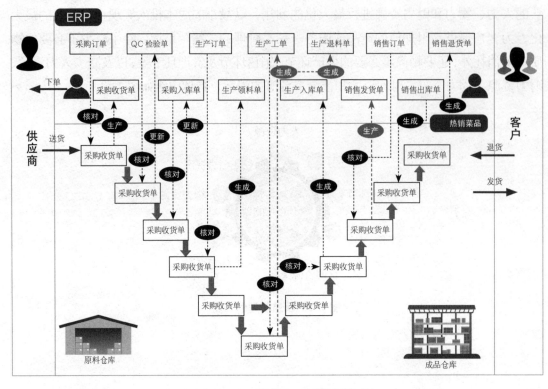

图 1-4 ××企业仓储管理流程

（二）仓储管理的作用

仓储管理在企业经营中扮演着非常重要的角色，它直接影响着企业的产、供、销等各个环节的活动，在保障货物重组供给的前提下，最大限度地降低库存，直接关系到企业的经营效益。

良好的仓储管理，具有图 1-5 所示的作用。

图 1-5 仓储管理的作用

因此，为了保证生产经营活动的顺利进行，打造高效利润空间，降低生产成本，提高企业资金周转率和回报率，现代企业物流必须采取先进的仓储管理方法。

二、精益仓储管理的目标

通常企业都有两个经济上的目标：生存与利润，而一切的管理工作都是为了在这两大目标下实现最高的达成率。进行物料与精益仓储管理的目的就是让企业以最低费用、理想且迅速的流程，适时、适量、适价、适质地满足使用部门的需要，减少损耗，发挥物料的最高效率。物料与精益仓储管理的目标主要体现在以下七个方面，如图1-6所示。

正确计划用料

企业物料与仓储精益化管理的首要目标是保障企业运营的物资需求。物料管理部门应该根据企业运营或生产部门的需要，在不增加额外库存且资金占用尽量少的前提下，为各部门提供所需的物资。这样，就能做到既不浪费物资，也不会因为缺少物料而导致企业运营停顿

适当的库存量管理

适当的库存量管理是物料仓储管理所要实现的目标之一。由于物料的长期搁置，占用了大量的流动资金，实际上造成了其自身价值的损失。因此，正常情况下企业应该维持多少库存量也是物料仓储管理重点关心的问题。一般来说，在确保生产所需物料量的前提下，库存量越少越合理

强化采购管理

如果物料管理部门能够最大限度地降低产品的采购价格，产品的生产成本就能相应降低，产品竞争力也会随之增强，企业经济效益也就能够得到大幅度提高。因此，强化采购管理也成为物料管理的重要目标之一

确保物料的品质

任何物品都是有使用时限的，物料仓储管理的责任就是要保持物料的原有使用价值，使物料的品质和数量两方面都不受损失。为此，要加强对物料的科学管理，研究和掌握影响物料变化的各种因素，采取科学的保管方法，同时做好物料从入库到出库各环节的质量管理工作

发挥盘点的功效

物料的采购一般都是按照定期的方式进行的，企业的物料部门必须准确掌握现有库存量和采购数量。很多企业往往忽视了物料管理工作，对仓库中究竟有多少物料缺乏了解，物料管理极为混乱，以致影响了正常的生产。因此，物料仓储管理应该充分发挥盘点的功效，从而使物料管理的绩效不断提升

图1-6

发挥储运功能 ☞ 物料在供应链中总体上是处于流通状态的，各种各样的货物通过公路、水路、铁路、航空等方式运送到各地的客户手中，物料管理的目标之一就是充分发挥储运功能，确保这些物流能够顺利进行。一般来说，物流的流通速度越快，流通费用也越低，表明物料管理的成效也越为显著

合理处理滞料 ☞ 由于物料在产品的生产成本中占很大的比重，如果库存量过高，滞料现象会很严重，也就会占用企业的流动资金，无形中增大企业的经营成本和生产成本，因此，降低库存量是降低产品成本的一个突破口。通过不断降低库存量，加上有效的物料仓储管理，就能消除仓库中的滞料，确保实现物料的最高价值

图1-6　精益仓储管理的目标

三、精益仓储管理的要点

仓库作为一个公司物料和成品的集散地，有着非常重要的作用。除银行外，公司里几乎所有的流动资产都集中在仓库，仓库物资的流动是否顺畅、物料的收发是否正常有序，直接关系到公司的各种销售目标是否能够达成。仓库物料数据的准确性也关系到生产的进度。如果物料没有及时供给生产，造成收发料的短缺，可能会影响到出货的顺利。公司的仓储管理工作只有做到准时、准确、快速、信息化，才能达到减少浪费、提高效率的精益化管理目的。

企业要想进行有效的仓储精益化管理需要考虑下面三个要点，具体内容如图1-7所示。

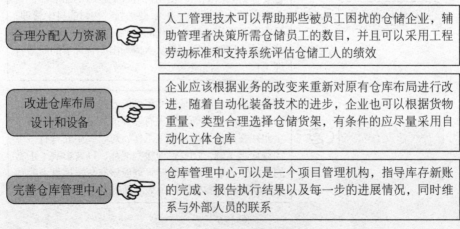

合理分配人力资源 ☞ 人工管理技术可以帮助那些被员工困扰的仓储企业，辅助管理者决策所需仓储员工的数目，并且可以采用工程劳动标准和支持系统评估仓储工人的绩效

改进仓库布局
设计和设备 ☞ 企业应该根据业务的改变来重新对原有仓库布局进行改进，随着自动化装备技术的进步，企业也可以根据货物重量、类型合理选择仓储货架，有条件的应尽量采用自动化立体仓库

完善仓库管理中心 ☞ 仓库管理中心可以是一个项目管理机构，指导库存新账的完成、报告执行结果以及每一步的进展情况，同时维系与外部人员的联系

图1-7　精益仓储管理的要点

仓库管理系统除了能够实现包括进出货管理、库存管理、订单管理、拣选、复核、商品与货位基本信息管理、补货策略、库内移动组合等"墙内"的系统功能之外，还要考虑仓库管理系统与运输管理系统、客户管理、员工管理系统之间的衔接。

四、精益仓储管理优化

精益仓储管理优化从人的主观因素、物流动态因素和空间静态因素出发，综合运用运筹学、工业工程、系统工程以及数学理论等多种方法，结合定性分析、定量分析和个人经验，将物流动态因素的环节作为仓储布局的核心环节，并贯穿在布局优化的始终。

精益仓储管理优化过程分四个步骤，如图1-8所示。

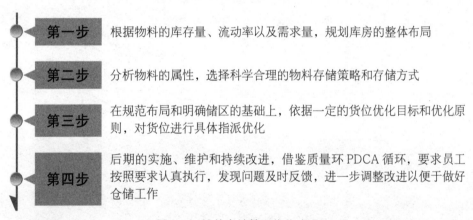

第一步 根据物料的库存量、流动率以及需求量，规划库房的整体布局

第二步 分析物料的属性，选择科学合理的物料存储策略和存储方式

第三步 在规范布局和明确储区的基础上，依据一定的货位优化目标和优化原则，对货位进行具体指派优化

第四步 后期的实施、维护和持续改进，借鉴质量环PDCA循环，要求员工按照要求认真执行，发现问题及时反馈，进一步调整改进以便于做好仓储工作

图1-8 精益仓储管理优化步骤

PDCA循环的含义是将质量管理分为四个阶段，即计划（plan）、执行（do）、检查（check）、处理（action）。

第二章
精益仓储之
管理基础

在课程开始前，杨老师展示了上节课的物料摆放混乱的仓库与物料摆放整齐的仓库的对比图片。

杨老师："各位同学，今天我们要来讲讲仓储的管理规划以及如何在规划阶段做到仓储管理精益化。"

小王："杨老师，我觉得这个内容不需要讲啊。仓储管理有什么可规划的，不就是来料之后收入仓库，生产需要了就发料吗？"

杨老师："你公司是没有仓储管理规划的培训吗？"

小王："没有的，新员工进公司就由老员工带着工作，我们自然而然就把事情做完了，感觉没有仓储规划也没什么影响。"

杨老师："那么，其他的学员公司里都没有仓储规划的培训吗？"

"是的，没有！"学员们异口同声地回答。

杨老师："那么，物料是怎么摆放的呢？"

小王："就是随便放。"

杨老师："做好仓库规划是仓库管理的重要一环。像大家说的，物料随便放，哪有位置就把物料放在哪里，你会发现在一个货架上可能有很多种材料，这样不只是看着不够赏心悦目，而且很容易导致混乱。试想一下，如果把仓库划分区域，甲材料放A区，乙材料放B区，不同规格的放不同货架，这样是不是就一目了然，不管入库还是发料都很方便呀？"

"是的！"学员们异口同声地回答。

杨老师：做好仓储的精益管理，除了仓库设置、货位管理、配备仓储设备等硬件的仓库规划之外，还有设计好仓储管理文件、建立仓储管理组织，还要编制好物料编码、梳理仓管业务流程、制定好仓库管理制度，最好是能建立仓储管理系统。

"最好是能够在仓库开展5S活动"学员小刘突然插进一句话。

杨老师："小刘说得对，5S活动于仓库的精益管理非常重要。那我们今天就来一起探访这些基础工作。大家学到以后回到企业，发现企业的仓库里有哪些方面不完善的，要积极地去加以改进。"

第一节　仓库的设置

一、仓库位置选择

仓库的位置因厂而异，它取决于各工厂实际需要的情形，但是在决定仓库的位置时，应考虑的因素如图2-1所示。

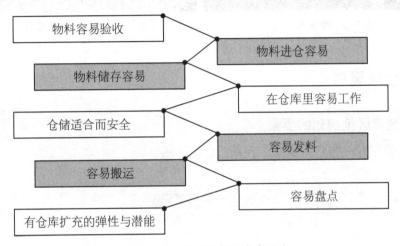

图 2-1　确定仓库位置的考虑因素

二、确定仓库类别

工厂的仓库一般设为原料仓库、半成品仓库、成品仓库及物品仓库四类，如图2-2所示。相关现场图可参考图2-3、图2-4。

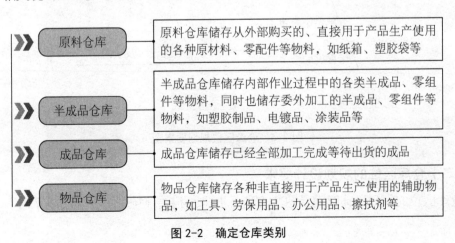

图 2-2　确定仓库类别

图2-3　油料仓　　　　　　　　　　图2-4　工具仓

三、仓区规划

（一）仓库区位规划的要素

仓库区位规划一定要考虑以下因素，如图2-5所示。

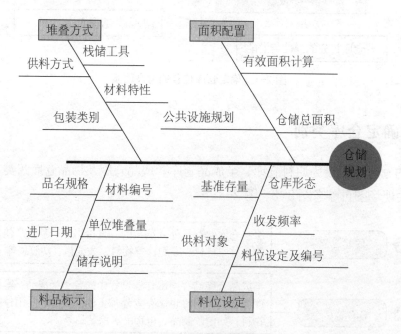

图2-5　仓库区位规划要素图

（二）仓库区位的规划设计要求

仓库区位的规划设计应满足图2-6所示要求；相关现场图可参考图2-7。

要求一	仓区要与生产现场靠近，通道顺畅
要求二	每仓要有相应的进仓门和出仓门，并有明确的标牌
要求三	仓库的办公室尽可能地设置在仓区附近，并有仓名标牌
要求四	测定安全存量、理想最低存量或定额存量，并有标牌
要求五	按储存容器的规格、楼面载重承受能力和叠放的限制高度，将仓区划分成若干仓位，并用油漆或美纹胶在地面标明仓位名、通道和通道走向
要求六	仓区内要留有必要的废次品存放区、物料暂存区、待验区、发货区等
要求七	仓区设计，必须将安全因素考虑在内，必须明确规定消防器材所在位置、消防通道和消防门的位置、救生措施等
要求八	货位布置应明显，可用漆画线固定，堆放物品以漆线为界
要求九	每仓的进仓门处必须张贴货仓平面图，反映该仓所在的地理位置、周边环境、仓区仓位、仓门各类通道、门、窗、电梯等内容

图 2-6 仓库区位规划设计要求

图 2-7 仓库靠近生产现场

（三）仓库分区分类方法

（1）按物料种类和性质划分储存区域。这是大多数仓库普遍采用的分区分类方法。此方法又可分为两种，如图 2-8 所示。

方法一 按生产部门的物料使用来进行仓库储存物料的分区分类

方法二 按照物料的自然属性来划分，如将怕热、怕潮、怕光、怕通风等多种不同性质的物料分别集中起来，安排在适宜储存的场所

图2-8　按物料种类和性质划分储存区域的方法

（2）按照物料发往地区来分区分类。这一方法主要适用于成品中转仓库或待运仓间。

（四）分区分类要求

（1）摸清物料进出库规律，及时进行调整。根据本年度生产储存计划执行中可能变动的预计情况等，摸清分季、分月的主要物料进出库规律，有计划地调整货区和货位，具体来说要注意图2-9所示内容。

做好日常的货位调整工作。每日都要统计空仓（空余面积）和抓紧物料进出中的货位平衡工作；随时并垛整堆，腾出空仓，为即将到库和储存数量即将增加的物料备足货位

做好季节性的储存调整工作。因季节变化必须转换保管条件的物料，要及时调整储存场所

图2-9　根据物料规律调整物料

（2）预留机动货区。留有机动货区的目的，是为了巩固分区分类和暂时存放而单据未到或待验收、待整理摊晾、待分唛、待商检等场地之用。

讲师提醒　　通常在整个仓库划分货区时，预先留出一定面积作为机动货区，其大小可视仓库业务性质、物料储存量及品种的多少、物料性质和进出频繁程度以及仓储设备条件而定。

（五）收料区域设置要求

仓库要有一个特定的收料区暂放厂商所进的物料，等待检验及入库，不得随意放置，而此收料区需分为三个区域，如图2-10所示。

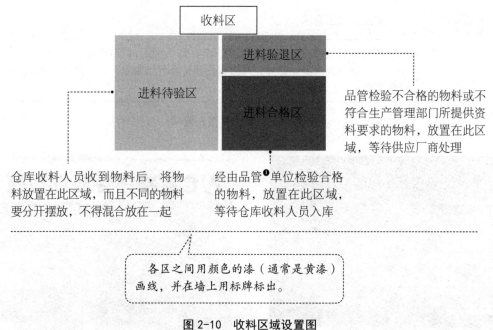

图 2-10 收料区域设置图

四、仓库布局

（一）仓库总平面布置

仓库总平面布置是指对仓库的各个组成部分，如库房、货棚、货场、辅助建筑物、铁路专用线、库内道路、附属固定设备等在规定的范围内进行平面和立体的全面合理安排。

仓库总平面布置应该满足图 2-11 所示要求。仓库平面分布如图 2-12 和图 2-13 所示。

要求一 ▶	**适应仓储生产的作业流程**

库房、货棚、货场等储放场所的数量和比例要与储存物料的数量和保管要求相适应，要保证库内物料流动方向合理、运输距离最短、作业环节和次数最少、仓库面积利用率最高，并能做到运输通畅，方便保管

要求二 ▶	**有利于提高仓库的经济效率**

总体布置时要考虑地形、工程地质条件等，因地制宜，使之既能满足物料运输和存放的要求，又能避免大挖大掘，减少工程量。总平面布置应能充分合理地利用库内的一些固定设备，以充分发挥设备的效能，合理利用空间

图 2-11

---

❶品管，即品质管理的简称，同理还有生产管理简称生管，仓库管理简称仓管等。

要求三 > 符合安全、卫生要求

库内各区域间、各建筑物间应该留有一定的防火间距，同时要设有各种防火、防盗等安全保护设施。此外，库内布置要符合卫生要求，考虑通风、照明、绿化等情况

图 2-11 仓库总平面布置

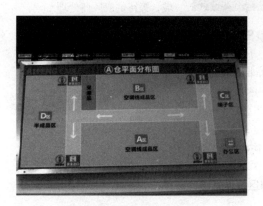

图 2-12 仓库平面分布图

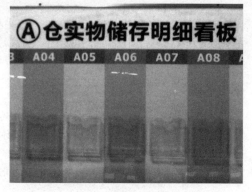

图 2-13 将 A 仓的实物储存制作看板，对物料进行分类

（二）仓库竖向布置

仓库竖向布置是建设场地平面布局等各因素（库房、货场、专用线、道路、排水、供电等）在地面标高线上的相对位置。仓库竖向布置要与总平面布置相适应，充分考虑各方面的条件和因素，进行综合平衡，既要满足仓储生产的需要，方便作业，又要符合安全生产的要求。仓库竖向布置图可参考图 2-14。

图 2-14 仓库竖向布置

（三）确定仓库仓位大小

物料储存数量可以决定物料应保存仓位的大小。最高存量、最低存量与正常存量三项不同的数字会影响到仓位大小的决定。

> 仓位大小若取决于最低存量，则显然仓位太小，物料常出现为腾出仓位而辗转搬运或无仓位的现象。若取决于最高存量，常会造成仓位过大的现象。因此通常以正常存量来决定仓位的大小。

相关链接〈……………………………………………………………………

自动化立体仓库

自动化立体仓库是物流仓储中出现的一种新型仓库，这种仓库是当前技术水平较高的一种仓库形式，在货流配送中心和物流中心应用极其广泛，高密度的存储空间，大大提高了空间利用率。以下介绍一下自动化立体仓库的主体由哪几部分组成。

一、货架

货架是构成自动化立体仓库主体的重要组成部分之一，货架一般都是采用优质的钢筋混凝土结构或钢结构，这就保证了货架在实际应用中有着非常高的承载能力，人们可以根据应用需求而设计出很高层的货架而不用担忧货架被压塌的现象。

二、巷道式堆垛起重机

巷道式堆垛起重机也是自动化立体仓库主体的重要组成部分之一，其在实际应用中主要是穿梭于货架之间的各个巷道中来实现其取货存活的工作的。

三、工作台和操控系统

自动化立体仓库主体重要的组成部分还包括出入库工作台和自动运进、运出及操作控制系统，这些组成部分主要是协助整个货架完成其相应的工作。不过需要注意的是，人们要对操作控制系统进行正确操作，以免出现工作失误。

虽然不同的厂家设计及制作出来的自动化立体仓库，确实会在很多方面都存在差别，但由于应用的都是同类型的技术，所以各个厂家推出的立体仓库，通常都能够在控制系统上表现出下面这些特点：

（一）操作维护方便

由于自动化立体仓库的控制系统都有非常清晰的界面，且软硬件功能都非常齐全，所以其能够在控制系统上呈现出操作维护方便这个特点，并不需要大家在使用仓库的时候在控制系统的使用上花费太多精力。

（二）智能化程度高

自动化立体仓库采用的都是智能控制系统，能够实现自动盘库，有效避免繁重的人工盘库工作，并不需要大家在仓储工作当中像传统的那样有很高人工工作强度要求。

（三）控制方便精准

由于自动化立体仓库的控制系统智能化程度较高，具体的操作比较简单，所以大家在使用立体仓库的时候，必然会在控制系统上呈现出控制方便精准这个特点。

自动化立体仓库是由立体货架、有轨巷道堆垛机、出入库托盘输送机系统、尺寸检测条码阅读系统、通信系统、自动控制系统、计算机监控系统、计算机管理系统以及其他如电线电缆桥架配电柜、托盘、调节平台、钢结构平台等辅助设备组成的复杂的自动化系统。运用一流的集成化物流理念，采用先进的控制、总线、通信和信息技术，通过以上设备的协调动作进行出入库作业。

第二节　货位管理

一、货位管理的要求

货位管理基本要求应该是：货位划分清晰、标识统一、标识卡填写规范。

货位与标识规范，即便仓管员从来没有见过某个货品，他只要知道存放该货品的货位，能够认清标识，就可以准确、快速地找到相应的货品。结合仓库管理软件系统，快速准确地定位和跟踪货品在仓库中的存储过程；只要实现了货位与标识规范化管理，并与仓库管理软件系统统一融合，产品的入库、配货、整理、盘点、追踪也将变得简单易行，再通过加强仓库现场管理、堆放的标准化，实现仓储管理中的物流与信息流的统一就不再困难。

二、货位管理的内容

仓库货位管理主要内容如图 2-15 所示。

货品入库

首先要解决和明确的就是要存放的货位，货位确定后，就可以堆码，这样才能减少不必要的重复倒运。货物堆放好后必须要有明确的标识，以方便管理，达到账、卡、物一致。入库前通过仓库管理信息系统很容易地查询到相应货物在仓库的堆放货位信息，为相应的货物整理出空间，使得同一货物能堆放在同一货位上，提高仓库空间的使用率

货品出库

同样首先要解决的是根据提货单提供的信息到相应的货位上拿出正确的货号、尺码、数量的货品；同样要求达到账、卡、物一致。通过仓库管理信息系统自动查询同样很容易在提货单上提供相应货物在货位上的库存信息

货品的整理

当对仓库的货品进行整理并且货品在仓库中有发生货位转移时，同样要求做到账、卡、物一致；通过仓库管理信息系统提供的货位库存查询、货位库存货品分析、货位盘点等工具，将能大大提高货物整理的准确性和高效性

图 2-15 仓库货位管理

讲师提醒

在仓库的日常管理中，之所以会发生这样那样的错误，究其原因，就在于货位管理混乱、标识不清，仓库系统账、货位标识卡、实物不一致。反之，货位与标识管理清晰，不但可以在日常管理中减少很多浪费和重复的工作，而且可以借助仓库管理软件系统做数据处理和库存数据分析，大大提高工作效率，不但有助于提高库存准确率，而且还可以减少基于纸面的管理和相关费用。

三、货位规划的原则

货位规划应遵循八大原则，如图 2-16 所示。

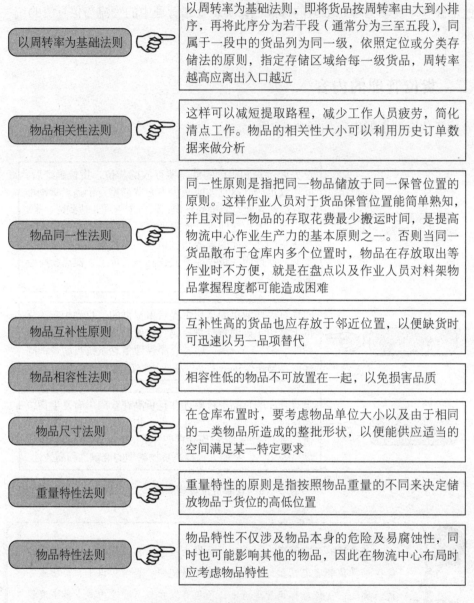

图 2-16　货位规划应遵循的原则

四、货位规划步骤

（一）货位的区划

企业一般是根据库房（区）的建筑形式、面积大小、库房楼层或固定通道的分布和设施设备状况，结合储存物品需要的条件，将储存场所划分为若干货库（区），每一货库（区）再划分为若干货位，每一货位固定存放一类或几类数量不多、保管条件相同的物品。

讲师提醒

货库（区）的具体划分，通常以库房为单位，即以每一座独立的仓库建筑为一个货库（区）。

（二）货位的规划

货位的区段划分（即区划）只是确定了各储货区存放物品的大类或品种，而货位规划则是为了解决物品的存放方法和排列位置。

规划货位的原则要求如图 2-17 所示。

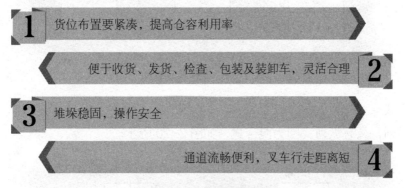

1　货位布置要紧凑，提高仓容利用率

2　便于收货、发货、检查、包装及装卸车，灵活合理

3　堆垛稳固，操作安全

4　通道流畅便利，叉车行走距离短

图 2-17　规划货位的原则

（三）货位布置

货位布置方式一般有横列式、纵列式和混合式三种。

1.横列式

所谓横列式，就是货垛或货架与库房的宽度平行，如图 2-18 所示。

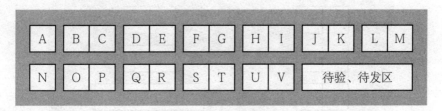

| A | B | C | D | E | F | G | H | I | J | K | L | M |
| N | O | P | Q | R | S | T | U | V | 待验、待发区 |

图 2-18　横列式示意图

2.纵列式

如果货垛或货架与库房的宽度垂直排列，就是纵列式，如图 2-19 所示。

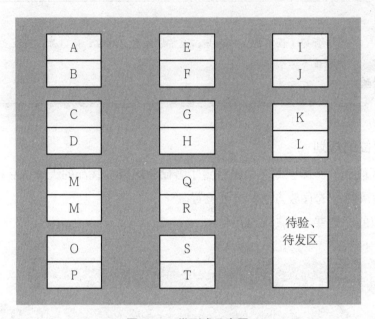

图 2-19　纵列式示意图

3.混合式

既有横列，又有纵列，则为混合式，如图 2-20 所示。

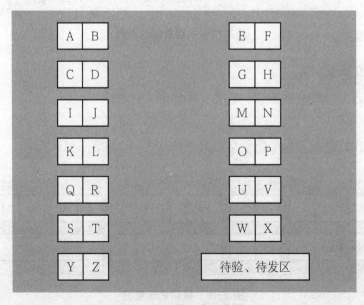

图 2-20　混合式示意图

（四）货位编号

货位编号，也称方位制度，它是在货位区划和货位规划的基础上，将存放物品的场所，按储存地点和位置排列，采用统一的标记，编上顺序号码，做出明显标志，并绘制分区分类、货位编号平面图或填写方位卡片，以方便仓储作业。

1.货位编号的要求

在品种、数量很多和进出库频繁的仓库里，仓管员必须正确掌握每批货物的存放位置。货位编号就好比货物在仓库的"住址"，做好货位编号工作，应该从不同库房条件、货物类别和批量整零的情况出发，搞好货位画线及编号秩序，以符合"标志明显易找，编排循规有序"的要求。货位编号现场图如图2-21所示。

图2-21　货位编号现场图

2.货位编号的方法

货位编号的方法很多，货位区段划分和名称很不统一，采用的文字代号也多种多样，因此各仓库要根据自身的实际情况，统一规定出本库的货位划分及编号方法，以达到方便作业的目的。

工厂仓库大多采用"四号定位"法，即将库房号、区号、层次号、货位号，或库房号、货架号、层次号、货位号这四者统一编号。编号的文字代号，由英文、罗马及阿拉伯数字来表示，例如：以3-8-2-3来表示3号库房8区2段3货位，以4-5-3-15来表示4号库房5号货架3层15格。

3.货位编号的标记

货位编号可标记在地坪或柱子上，也可在通道上方悬挂标牌，以便识别。货架号可直接在架上标记，规模较大的仓库要求建立方位卡片制度，即将仓库所有物品的存放位置记入卡片，发放时即可将位置标记在出库凭证上，可使保管人员迅速找到货位。一般较小的仓库不一定实行方位卡片制度，将储存地点标注在账页上即可。货位编号的标记如图2-22所示。

图2-22　货位编号的标记

4. 货位编号的作用

货位编号主要有四点作用，如图2-23所示。

 物料入库后，应将物料所在货位的编号及时登记在保管账、卡的"货位号"栏中，并输入电脑。货位输入的准确与否，直接决定出库货物的准确性，应认真操作，避免差错

 当物料所在的货位变动时，账、卡的货位号也应进行调整，做到"见账知物"和"见物知账"

 为提高货位利用率，一般同一货位可以存放不同规格的物料，但必须采用具有明显区别的标志，以免造成差错

 走道、支道不宜经常变动，否则不仅会打乱原来的货位编号，而且要调整库房照明设备

图2-23　货位编号的作用

【精益范本1】▶▶

货位卡和物料编号资料表

货 位 卡

品名：　　　　　　　　　规格：　　　　　　　　　　　单位：

编号 / 批号		货位 号	检验 单号		有效 期		复验 期	
厂家批号								
日期		来源去向	入库 件数	入库 量	出库 件数	出库 量	结存 件数	结存 量	签名	备注
月	日									

物料编号资料表

编号：　　　　　　　　　　　　　页次：

物料编号	类别	名称	规格	用途		单价	供应商	代用件编号
				专	共			

第三节　配备仓储设备

一、储存设备

　　库房的储存设备是指用来存放各种物品的容器和设备，它包括各种料架、料仓、料槽、储罐等。根据物品的物理化学性质和形态的不同，储存设备一般分为三类。

（一）保管一般物品的储存设备

该设备适用于存放各种金属材料、机械零件、配件、工具等的各种料架。料架按用途可分为通用料架和专用料架。通用料架分为层式、格式、抽屉以及橱柜式等，适用于保管体积小、重量轻、品种规格复杂的金属制品、轴承，通用料架示意图如图2-24所示，存放工具、机电产品等。专用料架则是根据物品的特殊形状而设计的，用以保管一定类别的物品，如存放小型条钢和钢管的悬臂式料架。

图2-24　通用料架

（二）保管块粒状和散装物品的储存设备

该设备适用于存放散装原料，散装螺丝、铆钉等的各种料仓、料斗等。

（三）保管可燃、易燃液体材料及腐蚀性液体的储存设备

该设备适用于存放汽油、柴油、润滑油，各种酸、碱、液体化工产品等的各种形式的瓶、桶、储罐。

二、计量设备

仓库的计量设备可分为称量设备和量具两类。

（一）称量设备

仓库常用称量设备有以下几种。

1.天平和案秤

天平用于称量体积小、计量精度高的小件贵重物品,如贵重金属、高纯度化工原料等。天平一般用"克"或"毫克"作计量单位。案秤也适用于小件物品的称量,一般用于20千克以下物品的称量。

2.台秤

台秤用于称量在20千克以上的物品,它有移动式和固定式两种,这是仓库中应用最广的一种计量设备。

3.地中衡又称汽车衡

地中衡实际上是将磅秤的台面安装在汽车道路面的同一水平上,使进出运料的车辆通过其上称出重量。地中衡如图2-25所示。

图2-25 地中衡

4.轨道衡

轨道衡是大型有轨式地下磅秤,适用于火车车辆称重。载重车在轨道衡上称出毛重,减去车皮自重,即可得出货物的重量,其称量范围一般大于60吨。

5.自动称量装置

自动称量装置按其作业原理不同,有液压秤和电子秤两类,其特点是在装卸物品过程中就能计量货物的重量,如称量装置与吊钩连为一体。这种装置可缩短物品出入库检验时间,降低作业量,但误差比较大,且容易损坏,造成误差。

(二)量具

仓库使用的量具一般有普通量具和精密量具,具体如图2-26所示。

普通量具主要指度量材料长短的量具，分直接量具和辅助量具。直接量具有直尺、折尺、卷尺，辅助量具有卡、钳、线规等

精密量具指游标卡尺、千分卡、超声波测厚仪等能精确地测量物品规格的量具

图 2-26　普通量具和精密量具

三、搬运设备

（一）搬运设备的类别

仓库常用的搬运设备有五类，如图 2-27 所示。

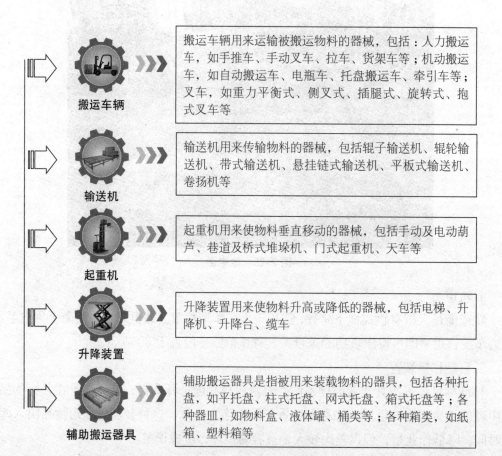

搬运车辆　搬运车辆用来运输被搬运物料的器械，包括：人力搬运车，如手推车、手动叉车、拉车、货架车等；机动搬运车，如自动搬运车、电瓶车、托盘搬运车、牵引车等；叉车，如重力平衡式、侧叉式、插腿式、旋转式、抱式叉车等

输送机　输送机用来传输物料的器械，包括辊子输送机、辊轮输送机、带式输送机、悬挂链式输送机、平板式输送机、卷扬机等

起重机　起重机用来使物料垂直移动的器械，包括手动及电动葫芦、巷道及桥式堆垛机、门式起重机、天车等

升降装置　升降装置用来使物料升高或降低的器械，包括电梯、升降机、升降台、缆车

辅助搬运器具　辅助搬运器具是指被用来装载物料的器具，包括各种托盘，如平托盘、柱式托盘、网式托盘、箱式托盘等；各种器皿，如物料盒、液体罐、桶类等；各种箱类，如纸箱、塑料箱等

图 2-27　搬运设备的类别

（二）搬运器械的选择

搬运设备的种类越多（如图 2-28、图 2-29），选择的余地也就越大。选择正确时

则可以带来便利，但如果选择错了，反而会更糟糕。所以，选择搬运器械时要考虑其特性。搬运器械的主要特性如图 2-30 所示。

图 2-28　搬运工具

图 2-29　各种搬运工具定位管理

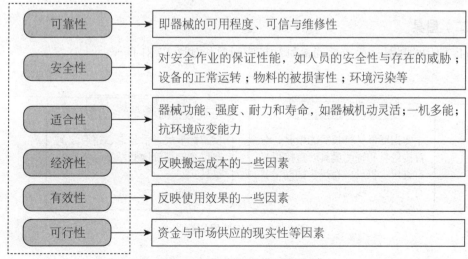

可靠性	即器械的可用程度、可信与维修性
安全性	对安全作业的保证性能，如人员的安全性与存在的威胁；设备的正常运转；物料的被损害性；环境污染等
适合性	器械功能、强度、耐力和寿命，如器械机动灵活；一机多能；抗环境应变能力
经济性	反映搬运成本的一些因素
有效性	反映使用效果的一些因素
可行性	资金与市场供应的现实性等因素

图 2-30　搬运器械的主要特性

四、检验设备

检验设备主要应用于仓库在入库验收环节、在库质量检查环节和出库交接环节中使用的度量衡称重设备和量具及商品检验的各种仪器等。常见的有磅秤、标尺、卡钳、自动称重设备等。仓库的计量设备可分为称量设备和量具两类。

（一）称量设备

仓库常用称量设备有表 2-1 所示几种。

表 2-1　称量设备的分类

序号	分类	说明
1	天平和案秤	天平用于称量体积小、计量精度高的小件贵重物品，如贵重金属、高纯度化工原料等。天平一般用"克"或"毫克"作计量单位。案秤也适用于小件物品的称量，一般用在 20 千克以下物品的称量
2	台秤	称量在 20 千克以上的物品。它有移动式和固定式两种。这是仓库中应用最广的一种计量设备
3	地中衡	又称汽车衡。实际上是将磅秤的台面安装在汽车道路面的同一水平上，使进出运料的车辆通过其上称出重量
4	轨道衡	这是大型有轨式地下磅秤，适用于火车车辆称重。载重车在轨道衡上称出毛重，减去车皮自重，即可得出货物的重量。其称量范围一般大于 60 吨
5	自动称量装置	自动称量装置按其作业原理不同，有液压秤和电子秤两类。其特点是在装卸物品过程中就能计量货物的重量，如称量装置与吊钩连为一体。这种装置可缩短物品出入库检验时间，降低作业量。但这种装置误差比较大，且容易损坏，造成误差

（二）量具

仓库使用的量具一般有普通量具和精密量具，如图 2-31 所示。

普通量具	精密量具
主要指度量材料长短的量具，分直接量具和辅助量具。直接量具有直尺、折尺、卷尺，辅助量具有卡、钳、线规等	指游标卡尺、千分卡、超声波测厚仪等能精确地测量物品规格的量具

图 2-31　仓库使用的量具

五、消防设备

消防安全是仓储工作的重中之重。为了保障仓库的消防安全，企业必须根据存储商品的种类及性质配备相应的消防器材和设备。常见的消防设备有消防栓、消防管道、烟雾报警器、灭火器、防烟面具、防护服等等。

六、通风、照明、保暖设备

通风、照明、保暖设备主要作用于存储商品和仓库作业需要对物理环境要求的保障，常见的有：除湿机、抽风机、联动开窗机、防爆灯、防护隔热帘等等。

七、养护设备

一般应用于对仓库产品质量的维护和监控以及设备的维护，常见的有：温湿度控制器、自动喷淋装置、除锈机、烘干机等等。

第四节 仓储管理文件设计

一、物料清单（BOM）

BOM（bill of material）即物料清单（也叫零件结构表、物料表等），将产品的原材料、零配件、组合件予以拆解，并将各单项材料依材料编号、名称、规格、基本单位、供应厂商、单机用量、产品损耗率等依制造流程的顺序记录下来，排列为一个清单，这就是物料清单，也就是 BOM。BOM 是最原始的材料依据，也是 MRP Ⅱ 系统中最重要的数据模块。

（一）BOM 的内容
BOM 的内容应包括零件的阶数、料号、品名、规格、标准用量、标准损耗率、材料来源、图号等内容，具体如表2-2所示。

表 2-2　BOM 的要素组成

序号	要素	说明
1	阶数	阶数表示半成品、组件、零件在产品用料明细表中所处的结构层数，直接组成成品的半成品、组件、零件，其阶数为第1阶，即最后一道加工工序所用的成品材料为第1阶材料 直接组成第1阶材料的半成品、组件、零件、原材料，其阶数为第2阶。依此类推第3阶、第4阶…… 每一种材料必须层层细分至购买的原材料或零件为止 同一种材料由于在不同的地方使用，其阶数可以不同，但料号却相同；材料经过加工后成为半成品或组件，其料号、阶数均不同 阶数用阿拉伯数字1、2、3…表示
2	料号	每一个成品、半成品、组件、零件、原材料都应有料号。相同的材料料号只有一个，但材料经加工后，其料号就应发生变化
3	品名	不同的产品中相同的组件、零件应统一名称；同一组件、零件经加工后，其料号变化，但品名可以不变；品名用中文表示
4	规格	明确各材料的规格型号、加工阶段，不同料号的材料其规格、型号一般不同。同一组件、零件经加工后，其料号变化，规格型号不变，但因加工阶段不同，所以其规格内容仍然不同 规格用中文表示，并可加入"220V""Made in China"等其他文字形式或符号作补充
5	标准用量、标准损耗率	明确各材料的标准用量。依来料及生产现状确定标准损耗率
6	材料来源	材料一般分为自制、外购两种，可用M代表自制，用P代表外购。外购件经过加工、组装、修改等作业后，料号改变，且其来源应注明为M。注明为M的材料表示可以继续细分子阶，注明为P的不可再细分
7	图号	每一种零件均应标注其零件图号。标准件或原材料可以不需要图纸，所以没有图号

（二）BOM 的逻辑

例如，A 产品的结构如图 2-32：

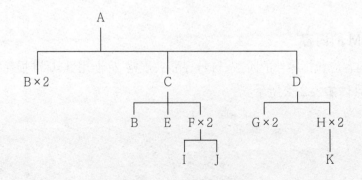

图 2-32　A 产品的结构图

上例中：

（1）A为成品，B、C、D为1阶物料，B、E、F、G、H为2阶物料，I、J、K为3阶物料。

（2）B的料号只有一个，但阶数有1阶、2阶两种。

（3）K在经过加工后，变成H，其名称可能不变，但料号发生变化。

（4）B、E、G、I、J、K均为外购件，不能再细分其子阶。

（5）例中A由2个B、1个C、1个D组成，而D由2个G、2个H组成，H则由1个K组成。

（三）BOM的建立原则

（1）依客户类别、产品类别逐一建立BOM。

（2）BOM应包含产品、组件与零件的阶数、料号、品名、规格、标准用量、标准损耗率、来源、图号等内容。

（3）依产品加工过程追溯物料的阶数，将后工程作为前工程的父件（组件），前工程作为后工程的子件（零件），父件阶数小，子件阶数大。

（4）相同物料经过不同加工制程后，料号发生变化，阶数也发生变化；相同物料使用于不同组件中，其料号相同，但阶数可能不同。

（5）阶数必须一直拆解至采购的零件为止。

（四）BOM的建立与分发要求

开发部在新产品设计完成阶段，应制定产品的零件一览表，即Parts List，简称P／L，明确产品使用的零件及原材料的名称、规格、标准用量。同时，开发部应及时提供零件图、装配图、样品等资料，经产品评鉴合格、试制成功后移交导入量产。

生技部在产品试制（小批量产）时，应参与工艺流程的制定、评估。由生技部依据产品设计资料、试制过程、产品零件一览表（P／L），制成产品用料明细表（BOM）。

BOM制成后，应分发开发、品管、生管、资材、制造、采购、财务等部门各一份，原件由生技部保存。

（五）BOM的修改

遇到以下情况应对BOM进行修改：

（1）工艺流程更改，导致产品加工顺序变更时。

（2）设计变更，导致产品结构发生变化时。

（3）材料规格发生变化，需修改时。

（4）标准用量和损耗率因生产条件发生变化，需更改时。

（5）其他原因，导致BOM表中的部分内容需修改时。

【精益范本2】▶▶▶

某企业的物料清单（BOM）

产品名称				产品型号				
产品规格				客户				
阶数	料号	名称	规格	单位	标准用量	标准损耗率	来源	图号

二、库存管制卡

库存管制卡是记载物品的名称、储放位置、编号、安全存量与最高存量、订购点和订购量、订购前置时间、出入库及结存记录等信息的一张卡片，是一个很重要的库存管制工具。

关于库存管制卡的设计和置卡时机请阅读第九章。

三、入出库表单

入出库表单是指用于仓库物品入库、出库、库存调整以及调拨业务中的凭证，也是记账的依据（见图2-33和图2-34）。

入出库表单的设计请参考本书第九章的相关内容。

图2-33　产品库存卡

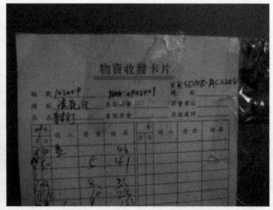

图2-34　物资收发卡

四、仓库台账

物料台账是记录每天发生的物料进出、物料收发、物料退货、物料报废等各种物料变化情况的最原始、最全面的统计资料。物料台账详细地记录了每一天、每一个部门，甚至每个人的物料领用和使用情况。

（一）物料台账的内容

物料台账根据其功能、作用、部门的不同可分为几类，例如，仓库物料台账、产品物料台账、车间物料台账、个人物料台账等。

虽然物料台账的种类不一样，但一般都须包括以下内容：

（1）明确材料耗用的项目，比如产品、订单、车间。

（2）明确材料的类别，如原材料、辅助材料、包装材料、低值易耗品。

（3）明确耗用标的，如规格、型号、数量、单位、材料品质级别。

（二）仓库类台账

仓库类台账是仓库物料进出的记录，仓库类台账的形式比较多，因企业的管理特点和材料特点的不同而不同。

1. 收货台账

收货台账是材料入仓时，仓库保管人员做收货记录的一种账目，它详细列明进仓材料的基本情况：采购者、检验者、收货者等。有特殊情况的，例如属让步收货、超量采购等，还应在备注栏里注明，如表2-3所示。

表2-3　收货台账

时间：

序号	物料编号	物料名称	规格型号	单位	入仓数量	入仓日期	实收数量	品质等级	采购单号	入仓人员	检验员	收货员	储存位置	备注

复核：　　　　　　　　　　　　　　　　　　　　　　　统计：

2. 进销存账

进销存账是一种比较传统的仓库账目，它既有台账的作用，也可作为一种总账，它全面地反映每一天仓库的材料往来情况。但它又无法完全取代其他的账目，因为进销存账所反映的只是"进""出""结存"的状况，其他细节都忽略不计，如表2-4所示。

表2-4 进销存账

日期	材料名称	摘要	入仓		出仓		结存		备注
			数量	金额	数量	金额	数量	金额	

经理：   记账：

3. 发货台账

发货台账是详细记录发货情况的账目。发货应由专人负责，凭领料单发料，并分类进行登记，通过发料台账可以全面了解物料发放情况，也可以起到与其他账目核对的作用，如表2-5所示。

表2-5 发货台账

日期	物料编号	物料名称	单位	领用数量	领料单编号	用途	领料部门	领料员	备注

复核：   统计：

4. 明细账

为了便于对入库商品的管理，正确地反映商品的入库、出库及结存情况，并为对账、盘点等作业提供依据，仓库管理人员要建立实物明细账，以记录库存商品动态。

实物明细账可分为无追溯性要求的普通实物明细账和可追溯性要求的库存明细账两种。仓库管理人员要根据对物品的具体保管要求，选择适当的账册，对物品库存情况进行记录。

（1）普通实物明细账。对只需反映库存动态的物品，如进入流通的物品或企业内的工具、备品备件等，均可采用普通实物明细账记账，所包括的内容如表2-6所示。

表 2-6　普通实物明细账

存货名称：　　　　　　　存货编号：　　　　　　　计量单位：
最高存量：　　　　　　　最低存量：　　　　　　　存放地点：

20××年		凭证		摘要	收入	发出	结存
月	日	种类	号码				

（2）库存明细账。对有区分批次和有追溯性要求的商品，如企业生产所需的零部件、原材料等，可采用有可追溯性的库存明细账记账，它应该包括的内容如表 2-7 所示。

表 2-7　库存明细账

存货名称：　存货编号：　规格：　计量单位：　库区：

20××年		凭证		摘要	收入		发出		结存		其中（A）			其中（B）			其中（C）		
月	日	种类	号数		批号	数量	批号	数量	批号	数量	批号	数量	库存	批号	数量	库存	批号	数量	库存

5. 个人台账

有些企业为了方便对领料者的管理，也采用一种个人台账。所谓个人台账是对经常领料的人员或管理人员设立单独的领料记录账簿，进行专门的管理内容如表 2-8 所示。

例如，车间的模具师傅，会因为工作的需要经常领用一些供自己使用的材料和工具，这些既不属于订单材料，也不宜归到车间物料中去，因为材料的特殊性，叫其他人代领又很不方便，多由其个人领料。因此，建立个人台账对于这部分物料的领用控制很有必要。

表 2-8　个人台账

领料人员：　　　　　　　　　　　　　　　　　　　领料部门：

序号	领料日期	领料单号	物料品名	料号	数量	备注

（三）台账管理的要点

台账是物料管理的基础，它记录着仓储物料的静态状况和动态过程，仓库缺少了账目或账目出现错误与不完整，将对决策造成不良影响，将使物料管理工作无法正常进行。为了做好台账管理，企业必须注意以下几点：

（1）指定专人负责记账。

（2）实行记账人与发料人分设，管物的不记账，管账的不管物，以堵塞漏洞。

（3）实行定期检查的制度，对账物进行核对，出现问题及时纠正并处理。

（4）落实账目管理责任制，对于出现的问题要追究责任。

（5）建立仓储日报制度，每日上报仓储情况。

（6）建立监督机制，使用权力牵制。

（7）完善表单硬件，以方便工作的开展。

（8）应完善仓库的其他相关配套管理，理顺账目管理的外部环境。

（9）完善盘点制度。

第五节　建立仓储管理组织

仓储管理组织是根据仓库管理的需求而建立的，不同企业的仓储管理形式有所不同，但仓储管理的内容大致相同。

一、仓储管理需求的内容

常见的仓储管理工作大致如下：

（1）物料需求的计划制订工作。

（2）物料发料工作。

（3）物料盘点工作。

（4）物料收料工作。

（5）仓库管理工作。

（6）物料稽核工作。

（7）物料点数工作。

（8）物料开单工作。

（9）仓储人员管理工作。

二、仓储管理组织形式

（一）设计仓储组织考虑的因素

仓储的组织形式不是凭空而来的，不仅要依据以上的工作内容，还要考虑到其他因素。具体因素如下：

（1）企业规模，规模越小，组织越简单。

（2）企业性质，例如电子厂、服装厂的管理组织要复杂些。

（3）生产方式，例如外资企业的组织中需要有外国人参与。

（4）生产工序，工序越复杂，组织形式越复杂。

（5）管理水准，管理水平越高的企业，组织形式越优化。

（6）硬件水平，机械化水平越高的企业，组织形式越简单。

（二）仓储组织的模式

由于仓储管理的组织形式存在着灵活多变性，因而仓储管理的组织形式没有一个固定模式。

1. 按层级划分

仓库的组织形式按层次可划分为直线式、直线职能式、水平结构式等。

（1）直线式组织架构。

对于比较小的仓库，业务比较简单，人员不多，适宜采取直线式的组织架构，由仓库主管亲自指挥统一管理，明确责任权限，组织精简，不设行政职能部门、科、组，如图2-35所示。

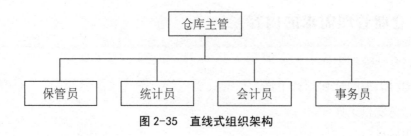

图 2-35　直线式组织架构

（2）直线职能式组织架构。

它是按照一定的专业分工来划分车间、小组，按职能划分部门，建立行政领导系统的组织架构。这是目前普遍采用的一种形式。这种形式因各职能部门分管的专业不同，虽然都是按照仓库统一的计划和部署进行工作，还是会发生种种矛盾，因此要注意相互间的配合，促使各专业管理部门间的协调一致，如图 2-36 所示。

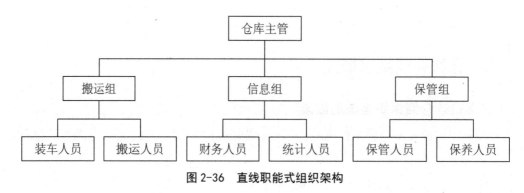

图 2-36　直线职能式组织架构

（3）水平结构式组织架构。

物流经理同时加入计划和运作的形式。在最初的矩阵组织中，两个高层经理共同承担仓库管理的全部责任。第一个高层经理集中于财务方面；第二个高层经理集中于对资源并对人力和物资资产的配置负责。

2.按作业性质划分

按作业性质分工，是指在仓库组织中，根据管理的职能分设计划统计、采购、调度、发放、储存等科（组），如图 2-37 所示。

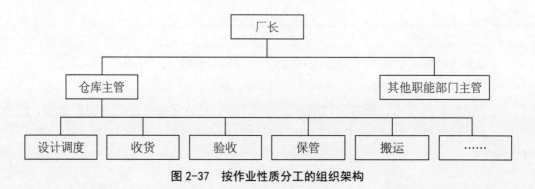

图 2-37　按作业性质分工的组织架构

这种分工的主要优点是：机构较简单、职责权限明确、指挥管理统一、中转环节少、调度灵活。其缺点是：同类物品的计划、采购、保管等业务活动分割，容易产生脱节；仓库主管在日常工作量大的情况下，往往不容易过细处理、亲自决策和协调各业务间的矛盾。这种分工，要求各业务环节的人员要熟悉企业生产过程，要具备各种物品的基本知识。

3.按货物类别划分

不同物品有其独特的物理、化学属性，对储存环境有其不同的要求。如对有毒、易爆等危险物品，就要进行专品专库，防止产生不良后果。而有些物品需要做好防水、防尘、防爆、防潮、防腐等防护措施，以免物品损坏或变质。

因此，仓库组织的分类可根据企业货物的类别进行分类。如：常用物料仓、毒品仓、易燃易爆品仓、工具仓、办公用品仓等。常用物料仓又可分为：原材料仓、半成品仓、成品仓。如某企业将原材料仓又分成：电子元器件仓、五金仓、塑胶原料仓、塑胶仓、包装材料仓等。

某电子厂仓库组织结构如图2-38所示。

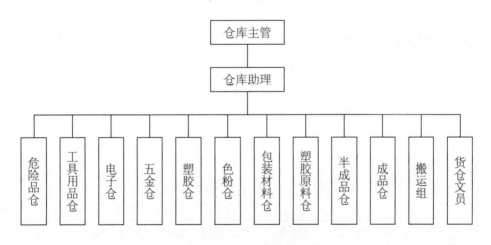

图2-38　某电子厂仓库组织结构

这种划分的主要优点是有利于掌握同类物品的全面情况，加强专业分工的责任制。其缺点是业务工作头绪多，削弱了不同类别物品的同性质业务之间的内在联系，不利于集中管理协调。

三、配备仓库管理人员

仓库在企业中有着重要的地位和作用，而仓管人员（也称仓管员）承担着管理仓库的重任，因而仓管员的配备就显得很关键。

（一）仓库与各部门的关系

仓库肩负着物料的验收、摆放、发货以及向有关方面反映存货数量及状况的工作，与其他部门联系密切。要配备好仓库人员，必须先了解仓库与各部门的关系，如图2-39所示。

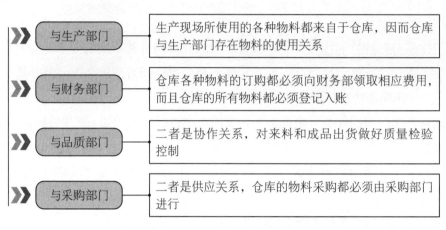

图2-39　仓库与各部门的关系

（二）仓管人员的要求

1.仓库负责人（管理者）

有一种错误的观念，以为仓储管理工作并不具有什么技术性，因而不太重视。事实上，在企业的生产体系、销售体系的循环流程中，仓库负责人员扮演着极其重要的角色。仓储调配方面是否处理得井井有条，与企业是否能够健康成长是息息相关的。所以企业应选择一位有能力的仓库负责人。

仓库负责人（管理者）应该具备图2-40所列六个条件。

条件一	应具有商品知识：对于所处企业经营的商品或产品要有丰富的知识，而且透彻了解
条件二	了解物品的特性：物料、产品和商品都不会说话，但是它们却都拥有其品目的特质。换言之，就是"易于保管的物品""难以保管的物品""易于陈旧过时的物品""易于劣质化的物品"……对于各种物品的特性都需有充分的知识
条件三	具备品质管理的基本知识
条件四	计算能力强

条件五	办事能力强：由于时时面临频繁的出库传票的处理、账簿记录户头的整理与规划，以及实地盘存作业的安排等，业务繁重，所以必须具备能够迅速而正确处理事务的能力
条件六	能够确切了解各种财务报表：若欲执行库存品的盘存并合理处置，则需能看懂财务报表，深切了解报表的意义与目的，且能对报表提供的信息加以计算整理

图 2-40　仓库负责人（管理者）的六个条件

倘若能满足上述六项最起码条件，才可说是一位有资格担任仓库负责职务的人。

2.仓储人员

仓储人员的配置是根据仓储岗位的需求而设立的，具体内容包括：

（1）有岗就必须有人，有人就必须有岗。

（2）在岗人员必须具备岗位的一些硬件要求，如文化水平、外语水平、计算机水平。

（3）岗位的绩效目标必须清晰。

（4）岗位的职责必须清晰。

仓管员须具备一定的专业素质，熟能生巧地掌握计量、衡量、测试用具和仪器的使用；掌握分管物品的货物特性、品质标准、保管知识、作业要求和工艺流程；掌握仓库管理的新技术、新工艺，适应仓储自动化、现代化、信息化的发展，不断提高仓储的管理水平；了解仓库设备和设施的性能和要求，督促设备维护和维修。

（三）仓库的人员管理

仓库人员每天都要与物料接触，工作繁忙，责任重大。对仓库人员的管理，一般有以下要求：

（1）要有强烈的责任心，对工作认真负责，一丝不苟。

（2）要爱护企业财产，对物料认真分类保管，轻拿轻放。

（3）要认真学习专业知识，努力使仓库的管理工作顺畅有序。

（4）要经常深入生产一线，了解各种材料的使用情况。

（5）要有良好的沟通意识，努力处理好与各用料部门的关系。

（6）要大胆工作，对浪费材料的现象敢于提出批评。

（7）要坚守工作岗位，不要无故请假、迟到早退，以免影响生产部门领料。

（8）要工作主动，积极备料，推动生产进程。

（9）要严抓材料入库关、定额关，确保材料的使用率达到控制目标。

第六节　仓储管理软件配备

一、物料编码

物料编码（见图2-41）是以简短的文字、符号或数字、号码来代表物料、品名、规格或类别及其他有关事项的一种管理工具。

图 2-41　物料编码（唯一的）

（一）物料编码的功能

物料编码具有表2-9所列七大功能。

表 2-9　物料编码的功能

序号	编码功能	说明
1	提高物料资料的准确性	物料的领发、验收、请购、跟催、盘点、储存、记录等一切物料的活动均有物料编码可以查核，因此物料数据更加准确。避免一物多名、一名多物或物名错乱的现象发生
2	提高物料管理的工作效率	以物料编码代替文字的记述，物料管理简便省事，效率因此提高

续表

序号	编码功能	说明
3	有利于计算机的管理	物料管理在物料编码彻底推行之后，才能进一步利用计算机做更有效的处理，以达到物料管理的效果
4	降低物料库存、成本	物料编码利于控制物料库存量，同时利于防止呆料的发生，并提高物料管理工作的效率，因此可减少资金的积压，降低成本
5	防止物料舞弊事件的发生	物料一经编码，物料记录准确而迅速，物料储存井然有序，可以减少舞弊事件的发生
6	便于物料的领用	库存物料均有正确的统一的名称及规格予以编码。用料部门的领用以及物料仓库的发料都更方便
7	便于压缩物料的品种、规格	对物料进行编码时，可以对某些性能相近或者相同的物料进行统一、合并和简化，压缩物料的品种、规格

（二）物料编码的原则

进行物料编码时应遵循如图 2-42 所示七大原则。

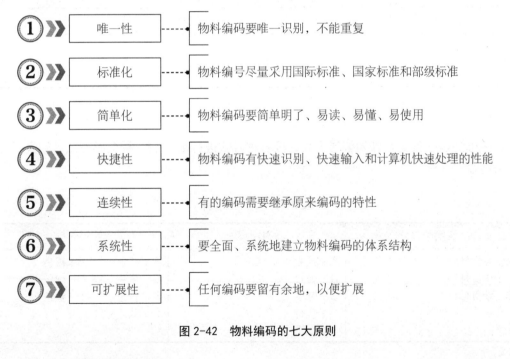

图 2-42　物料编码的七大原则

（三）物料编码的方法

1.混合法

混合法是字母、数字、暗示等三种方法同时使用的一种方法。如：电风扇塑胶底座（10）、高价（A）、ABS料（A）、黑色（B）、顺序号（003），其编号为：10-AAB-003,

具体如图2-43所示。

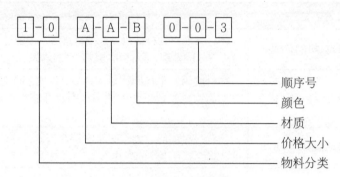

图2-43　混合法示例

2. 暗示法

暗示法是以字母或数字作为编号工具，字母数字与物料能产生一定规律的联想，看到编号能联想到相应的物料，如表2-10所示。

表2-10　暗示法示例

编号	螺丝规格	编号	螺丝规格
03008	3×8	15045	15×45
04010	4×10	12035	12×35
08015	8×15	20100	20×100

3. 字母法

字母法是以英文字母为编号工具，按各种方式进行编号的一种编码方法，如表2-11所示。

表2-11　字母法示例

采购金额	物料种类	物料颜色	
A：高价材料 B：中价材料 C：低价材料	A：五金 B：塑胶 C：电子 D：包材 E：化工	A：红色　　B：橙色 C：黄色　　D：绿色 E：青色　　F：蓝色 G：紫色	

4. 数字法

数字法是以阿拉伯数字为编号工具，按属性方式、流水方式或阶层方式等进行编号的一种方法，如表2-12所示。

表 2-12　数字法示例

类别	分配号码	类别	分配号码
塑胶类	01 ~ 15	包材类	46 ~ 60
五金类	16 ~ 30	化工类	61 ~ 75
电子类	31 ~ 45	其他类	75 ~ 90

（四）物料编码的注意事项

（1）物料编码应尽量简短、统一。

编码的目的就是简化，因此编号位数越少越好。这样能够节省阅读、抄写、输入的作业时间，提高数据处理的效率。同时，在处理的过程中出错的概率也会相应降低。

（2）编码中应尽量避免使用英文字母和一些特别符号，最好全部用阿拉伯数字来编号。

全部用阿拉伯数字编号的益处有：一是能够使键入编码的作业效率提升至最高，二是能够避免数字和某些英文字母因为形象雷同产生混淆。常有人为了让编号段落分明而在编号中使用"-"符号，或在编号中夹杂着"★"".""/"等特殊符号，但这些符号的使用将影响输入的效率，而在口述编号时也会造成不便，因此最好避免采用。

（五）将物料编码制度化

以上讲的是物料计算机化管理过程中物料编码的要求、方法和注意事项，企业对这一项工作应该高度重视，组织专门的人员对物料进行研究、分类，找出最合适的编码方法，形成一个编码方案。有些企业并不重视这项工作，只是派一个人对其进行研究，结果编出来的代码得不到认同，因为物料编码既要方便计算机输入，更重要的是要方便各使用人（包括仓管人员、线上作业人员、工程人员、财务人员等）记忆，如果编出的物料编码不方便记忆，则只会使工作复杂化。至于编码的实际标准很难确定，不过，如果各使用人员在领料、发料的过程中能轻易地叫出物料编码，而不叫物料名称，那就是最高境界了。

二、梳理仓管业务流程

仓库的整体运作包括入库、出库、盘点、库内管理、在途运输状况追踪等都要制定符合公司每一发展阶段的流程，将来纳入标准操作并按流程坚决地执行和监督，才能做到百分百地准确把握和了解，让公司随时都可以了解货物的动态库存和运输状况。

（一）用单证贯穿于整个物流的仓储过程

用单证贯穿于整个物流的仓储过程，凭单据出、入货、调库，当出现问题时也是可查找出原因的凭证。单证主要有出库时的提货单、入库时的入库申请单、调库时的调库单，其中品名、数量、批号、库位都贯穿于单据的始终。也就是出库时在提货单的准确库位上能够找到相对应货的"牌号、数量、批号"；入库时入库申请单也应该有相对应的货物的库位、批号、数量等；调库时调库单也应该有相对应的货物的原库位、现库位、批号、数量等。这就保证了单证与实货、库位与单证、库位与实货的一致性，就能够精确对货物放在何处起到准确跟踪定位作用，提高找货效率，进而把精力注意力转移到控制出货质量、库内管理上。

对沟通流与命令流的集中管理，凡入库申请单、出货通知单都集中到仓管班长进行审单派单，所有的问题都集中到统一观点再与兄弟部门沟通，避免出现多头命令沟通的障碍，把原本简单的问题弄得毫无头绪。

（二）不同阶段的作业流程

1.物料入库流程

物料入库是从接到供应商的送货单开始的，仓管员接到送货单，要与采购订单进行核对，同时，现场清点、通知IQC（incoming quality control，来料质量控制）人员验货，然后开立入库单据，再根据这些单据进行手工账本的登记，然后将数据录入电脑，这些工作结束后要将资料归档，便于将来查询。

物料入库的大致流程如图2-44所示。

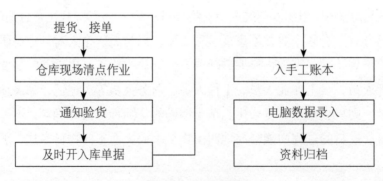

图2-44　入库流程

2.成品入库（成品进货）作业流程

成品入库时，由生产部确定要入库的货牌号批号数量，填写在入库申请单上，再经过QC（quality control，质量控制）人员品质检验后，交到仓管班长，班长审单并派单交给仓管，仓管接到由生产部填写的入库申请单到现场入库作业，作业时核对入库单的品名、批号、数量是否一致，不一致时与生产部沟通并做错误记录，一致时移库堆码作业并记下每批货所在的库位、数量、批号,然后交到电脑前台录入电脑数据库或仓储系统,再录入公司的 ERP（enterprise resource planning,企业资源计划）。

成品入库（成品进货）作业流程如图 4-45 所示。

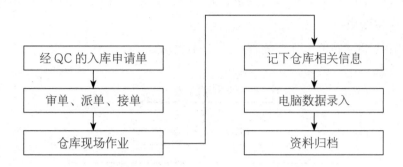

图 2-45　成品入库作业流程

3.成品出库（成品发货）作业流程

成品出库时,经由 OQC（outgoing quality control,出货检验）人员确认的发货通知单,经仓管班长审单后,按通知单上的品名、批号、数量在数据库或者仓储系统里查找相对应库位上的库存,并列印出提货单,提货单上有相对的库位、货位及品名、批号、数量等,后与发货通知单订在一起派单交给仓管现场作业。或者在通知单上记下要出货物的库位数量并写在发货通知单上。仓管接到出货指令后到指定库位现场查看该货与单是否一致,一致则出货,异常则到电脑前台查原因,最后放行。

成品出库（成品发货）作业流程如图 2-46 所示。

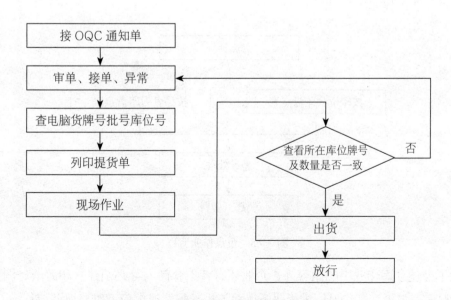

图 2-46　成品出库（成品发货）作业流程

4.货物调库（调动储位）作业流程

货物调库时：仓管员接到调库指令时或者要对仓库进行调库管理时，拿一张调库表，调库表上面有品名、批号、数量、原库位、现库位、负责人等信息。到现场进行调库作业时，记下原库位上的品名、批号、数量，并写下调库后的库位，最后交到电脑前台在计算机上进行库位变更。

货物调库（调动储位）作业流程如图 2-47 所示。

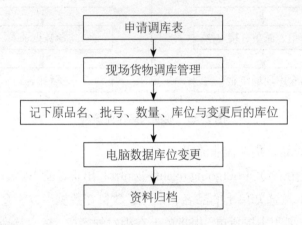

图 2-47　货物调库（调动储位）作业流程

5.盘点作业流程

盘点作业时，负责人要区分是要机动盘点还是全盘点，并按照不同的具体情况列印出盘点表（按库位或按品名），不管是哪种盘点方式都有其特有的特性。

盘点作业流程如图 2-48 所示。

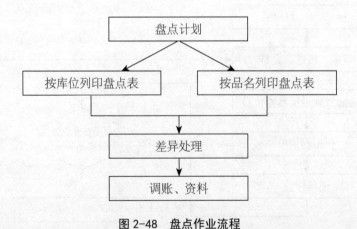

图 2-48　盘点作业流程

除了上述仓库作业中的内容外，企业还有若干仓储内容必须建立和健全，例如在途运输状况追踪流程、客户退厂维修服务追踪流程、配件退供应商维修追踪流程。

三、制定仓库管理制度

仓库管理制度是指对仓库各方面的流程操作、作业要求、注意细节、7S管理、奖惩规定、其他管理要求等进行明确的规定，给出工作的方向和目标、工作的方法和措施；且在广泛的范畴内是由一系列其他流程文件和管理规定形成的，例如仓库安全作业指导书、仓库安全卫生（5S）制度、物品储存保管制度、仓库盘点制度等。

（一）制定制度的原则

制定相关制度前要依据图2-49所示原则。

原则一　**职责和权力的对称性原则**

仓储管理中最基本的原则就是需要职责和权力的对称性，一旦被授予一定的权力，就要承担与之相适应的责任。规定不同岗位上、不同职务的人所要承担的责任和权力，以达到领导和控制的目的

原则二　**加强统一指挥、服从命令原则**

权力系统是依靠上下级之间的联系所形成的指挥链而构成的。指挥链就是指挥信息的传输系统。如果破坏了指挥链，就不可能统一整个组织人员的思想和行为，朝着共同的管理目标而努力。它是建立在明确的权力系统之上的一个基本原则

原则三　**合理分工与密切协作原则**

合理分工与密切协作原则体现个人与团队精神。物流仓储管理组织是在任务分解的基础上建立起来的，合理的物流仓储管理分工便于积累经验和实施专业化的物流业务，也有利于做到权责分明，调动管理组织成员的工作积极性和创造性，从而提高物流仓储管理效率

图2-49　制定仓储制度的原则

（二）应制定哪些仓库制度

根据以上原则结合企业的实际情况，通常需要建立下列相关的仓储制度：

（1）仓库日常管理制度。

（2）信息流管理制度。

（3）仓库安全卫生（5S）制度。

（4）物品储存保管制度。

（5）仓库盘点制度。

（6）物料编号制度。

（7）仓库人员绩效考核制度等。

以下提供某小规模制造企业仓库管理制度范本供参考。

【精益范本3】▶▶▶

某制造企业仓库管理办法

1. 目的

为使仓库有效运作及管理有所依循，特制定本管理制度。

2. 范围

适用于公司各仓库物料的收发、储存、保管、搬运、盘点、呆废料、单据及账务处理等。

3. 职责

3.1 计划部（仓库）：负责严格按本制度执行仓库管理工作；

3.2 财务部：负责定期或不定期稽查仓库执行本管理制度的情况；

3.3 稽核：负责定期或不定期稽查仓库执行本管理制度的情况。

4. 作业规范

4.1 收发规定

4.1.1 仓库员对入库物料的数量、规格、质量、品种及配套情况应进行细致验收，做到准确无误；在验收中，发现数量短缺、规格不符、质量低劣、品种及配套件不全，要及时与相关人联系做出恰当处理，重大问题要及时向上级汇报；

4.1.2 凡采购或加工入库之物料因名称不对、规格不清、数量不符等原因，仓管员有权拒绝验收；同时凡对仓库出库之物料因名称不对、规格不清、数量不符，仓管员有义务承担并接受相关责任；

4.1.3 仓管员在收发过程中，不得超量发料或发货（供应商送的不计价备品除外）；

4.1.4 仓库备（发）料遵循"先进先出"原则，并注意于收、发料时采取适当保护措施；

4.1.5 仓库主管、组长应随时对下属仓管员收发情况进行监控，发现异常情况要及时处理或报告；

4.1.6 物料的进仓、出仓作业由相应仓管员主导，其他人员不得擅自对物料进行处理。

4.2 保管、储存规定

4.2.1 物料验收入库后，要及时上架或堆垛摆放储存，储存应遵循三项基本原则：

（1）防火、防水、防压；

（2）定点、定位、定容、定量；

（3）先进先出。

4.2.2 为方便存取物料，对仓库进行"分区、分类、分架、分层"及定置管理，并根据划分情况做出《仓库平面示意图》《物料储存分布示意图》等。发生调整时，应及时进行相应修正；

4.2.3 物料储存要分门别类，按"先进先出"原则堆放物料，填写《物料标识卡》等标识，并有相应账目以供查询；

4.2.4 对因有批次规定、色别规定等特殊原因而不能混放的同一物料应分开摆放；

4.2.5 物料储存要尽量做到"上小下大，上轻下重，左整右零，前整后零，不超安全高度"；

4.2.6 物料不得直接置于地上，必要时加垫板、纸皮或置于容器内，予以保护存放；

4.2.7 任何物料不得堆放在仓库通道上，以免影响物料的收发；

4.2.8 不良品与良品必须分仓或分区储存、管理，并做好相应标识；

4.2.9 储存场地须适当保持通风、通气、通光，以保证物料品质不发生变异；

4.2.10 对于有特殊保管要求的物料应考虑适当的防护措施，如危险品、贵重物品、易变质物料、有保存期限的物料，以保证物料的安全性与品质不受到影响；

4.2.11 根据物料自身特性，设置物品储存期限表，对超过期限的，应提出品质判定要求，确保不合格物料不发放到生产现场使用；

4.2.12 对库存时间超过呆滞期限无动用或月动用量不足物料总量20%的物料，应进行处理，具体依《呆废物料处理作业流程》处理；

4.2.13 仓库管理人员发现物料接近最低储备量或超过最高储备量时，应及时向部门主管反映，提出物料申请或停止采购的意见，对物料积极管制以保证供应不断线、储存不积压。

4.2.14 仓库主管、仓库组长、稽核小组成员、财务人员等应定期或不定期对仓库物料的保管、储存情况进行稽查，发现问题，进行现场处理（包括处罚、培训、指导等）。

4.3 搬运规定

4.3.1 叉车载物应遵循有关叉车安全使用规定，机动叉车驾驶人员应取得有关叉车有效证件；

4.3.2 人力搬运时应做到轻拿轻放，注意人身及物料的安全；

4.3.3 搬运过程中防止物料、产品混淆堆放；

4.3.4 在搬运物料过程中，必要时应使用适当的容器，防止对物料造成损伤；

4.3.5 危险物品的搬运应按产品特性采取相应防护措施搬运；

4.3.6 使用搬运工具时，应注意对象的堆叠，以能顺利通过厂区划定的通道为限，高度不得超过安全高度（1.5米）为原则；

4.3.7 仓管员应对搬运人员提出合理的搬运要求，确保搬运作业安全、高效。

4.4 单据处理规定

4.4.1 仓库所有单据均用不易褪色笔（仅限圆珠笔、签字笔）按单据填写要求，遵循"完整、准确、清晰"的填写原则，对于不符合要求的单据，仓库有权要求相关部门改善；

4.4.2 每日产生的单据最迟于第二天上午9：30前分类归档、保管好，并传送到相关部门；

4.4.3 仓库留存当月产生的单据应做好标识，并最迟于月底按类别统一用纸箱装好交仓库主管或仓库主管指定的人员保管；

4.4.4 仓库主管／组长随时对下属仓管员单据处理情况进行检查（包括单据填写、传递、接收、保存、输出等），要求操作不规范者限期改善，并给予必要指导。

4.5 账务处理规定

4.5.1 物料验收入库后，要进行建账、建卡，账务登录要有合法、有效的单据作支持，不可凭空想象或有实物异动时而不开单据；

4.5.2 所有产生的单据在2个工作小时内完成ERP审核工作；

4.5.3 仓库主管、仓库组长、稽核小组、财务人员应定期或不定期对仓管员的ERP审核情况进行抽查，发现异常情况及时处理，确保"账、卡、物、证"一致。

4.6 盘点规定

4.6.1 仓库须按公司财务部门要求定期对库存物料进行盘点，年终应重点盘存一次，盘点中账、物核实；如出现亏、盈或数据不准，要查明原因分析不足之处，并分别填写盈、亏表格，经部门主管批准后，方可进行账面和ERP数据的调整。

4.6.2 仓管员在发现库存出现异常状况时，应对异常物料实施抽查、抽盘作业；

4.6.3 仓库主管、仓库组长、稽核专员、财务人员、生管部人员应定期、不定期对仓库物料进行抽盘，并作为考核仓库人员工作绩效的一项指标。

4.7 退货产品及呆废料处理规定

4.7.1 客户退货产品处理具体依《客户退货处理作业流程》执行；

4.7.2 呆废物料处理具体依《呆废物料处理作业流程》执行。

4.8 消防安全规定

4.8.1 仓库人员必须接受消防安全知识培训，并会使用仓库所属的安全消防设备、设施及消防器材（如消火栓、灭火器等）；

4.8.2 仓库人员在摆放物料时不得堵塞安全消防通道，不得遮挡消防器材，必须保证仓库所属的安全消防设备设施、消防器材能够在必要时立即投入使用；

4.8.3　仓库人员有责任保证仓库所属安全消防设备设施的完整、完好；

4.8.4　仓库人员有责任检查仓库所属安全消防设备、设施的有效性，如消火栓能否喷水、灭火器是否在有效期内等。

4.9　工作纪律规定

4.9.1　仓管员应服从上级安排，做到令行禁止；

4.9.2　仓库人员应有良好的配合、服务意识，按要求做好备料、发料工作，并及时为相关部门提供准确的库存资讯报表及信息；

4.9.3　仓库内设置的安全防范设施要注意保管，门窗、照明灯及风扇，仓管人员离开时应及时关闭；仓库人员不得监守自盗，严禁公物私用；

4.9.4　仓库人员不得收受供应商礼金与物品，更不能因此损害公司利益；

4.9.5　无关人员未经仓库人员允许，不得随意进入仓库；仓库内严禁吸烟，严禁吃零食，严禁打瞌睡，严禁三五成群聚集聊天。各部门领料员、外加工商及供货商进入仓库时，要有仓库相关人员的陪同；

4.9.6　仓库人员有责任对违反仓库管理制度的行为予以制止，制止不听的报仓库主管或开具《稽核处罚单》报稽核专员处理；

4.9.7　仓库人员因当天工作未完成而需加班时，必须服从加班安排；

4.9.8　所有仓库人员离职或调岗，均须与接手人员办理好账、物交接手续（包括物料的整理、盘点工作），因各种原因，接手人员未能及时到位时，由仓库主管或仓库组长或仓库主管指定的代理人员办理交接。若未交接清楚，离职或调岗仓管员须延长在岗时间，直至完成交接为止；

4.9.9　仓管员因各种原因需请假时，必须填写《请假单》，经仓库组长、仓库主管审核同意，并有明确的职务代理人代理工作时，方可批准请假；

4.9.10　仓库主管、仓库组长稽核专员应随时巡视仓库工作纪律情况，对违纪现象予以制止纠正，并采取相应预防措施。

4.10　处罚规定

4.10.1　无有效进、出仓手续资料，仓库人员私自进行物料收发的，处罚责任人10元/次；

4.10.2　离职或调岗仓管员未与接手人员办理账、物交接的，处罚责任仓管员50元/次，若交接过程中接手人发现账、物不符的，处罚责任仓管员5元/种物料。交接清楚后出现的账物不符，责任由接手人承担；

4.10.3　收料进仓时，仓管员须按要求摆放物料，并做好标识，若违反，处罚责任仓管员5元/次；

4.10.4 仓库备（发）料未遵循"先进先出"原则，而随意发料的，处罚责任仓管员 5 元 / 次；

4.10.5 仓存物料没有建立账、卡的，对责任仓管员处罚 5 元 / 种；

4.10.6 不良品与良品必须分开储存、管理，并做明确标识，若违反，处罚责任仓管员 5 元 / 次；

4.10.7 对存在批次、色差等不能混放的物料而未分开摆放的，处罚责任人 5 元 / 种；

4.10.8 因搬运不当而造成物料损坏的，对责任人罚款 5 元 / 次；

4.10.9 违反单据、账务、退货品及呆废料处理规定的，按流程相应规定进行处理；

4.10.10 非本仓库人员不得擅自动用仓库物料，违者罚款 10 元 / 次；仓库人员听之任之、不加制止的，罚款 100 元 / 次；

4.10.11 无关人员未经允许随意进入仓库，仓管员未制止的罚款 100 元 / 次；对于制止但未听者，罚款 10 元 / 次；

4.10.12 在仓库内抽烟者，罚款 200 元 / 次，并对责任仓管员处以 100 元 / 次罚款；

4.10.13 仓库人员监守自盗或公物私用的，一经确查一律开除，扣除所有工资，情节严重的，送交公安机关处理；

4.10.14 收受供应商礼金与物品、损害公司利益的，一律开除，扣除所有工资，并按《赔偿管理制度》处理，情节严重的，送交公安机关处理；

4.10.15 仓库主管、仓库组长因对下属监控不力而出现违规事件，应负部分连带责任，具体依《问责制》处理；

4.10.16 仓管员提供错误库存信息的，处罚责任人 100 元 / 次；

4.10.17 对于盘点中出现的问题，按《盘点管理制度》处理；

4.10.18 请假而未有职务代理人代理工作的，处罚责任人 100 元 / 次；

4.10.19 违反本管理制度处罚规定未尽事项者，按相关制度、规定执行，相关制度、规定未明确的，一律处罚 5 元 / 次。

四、建立仓储管理系统

（一）物料需求计划（MRP）

物料需求计划（material requirement planning，简称 MRP），是指根据主生产计划、物料清单、库存余额等对每种物料进行计算，并指出何时将会发生物料短缺，以最小库存量来满足需求并避免物料短缺的方法。

MRP被设计并应用于制造业库存管理信息处理系统，它解决了如何实现制造业库存管理目标——在正确的时间按正确的数量得到所需的物料这一难题。

MRP可以通过主生产计划（MPS）明确企业要生产什么，并通过物料清单（BOM）明确企业的物料需求状况，其逻辑关系如图2-50所示。

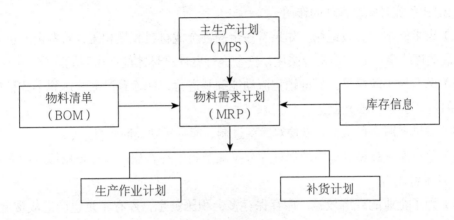

图2-50　MRP逻辑关系示意图

实施MRP库存控制一般需要如下四个步骤，具体如图2-51所示。

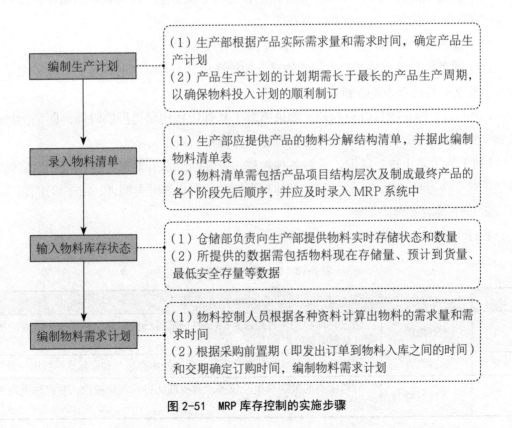

图2-51　MRP库存控制的实施步骤

（二）ERP 系统

ERP 系统是企业资源计划（enterprise resource planning）的简称，是指建立在信息技术基础上，集信息技术与先进管理思想于一身，以系统化的管理思想，为企业员工及决策层提供决策手段的管理平台。现如今，ERP 系统已广泛应用于库存管理方面。

1. ERP 系统对库存管理的作用

（1）谋求资本的有效运用。如果有多余的资金或材料长期积压，对资金的正常运行来讲是最头疼的事。要防止资金僵化，资金进行良性循环才能产生利润。

（2）保有最小库存量，保证销售流动能顺利进行，使库存产品量达到不致存量不足的最低限度，避免积压资金。

（3）及早掌握库存状况，以便对库存过剩、库存短缺及时处理。

（4）节省库存费用。适当地保存库存量能节省库存费用。库存费用每年约需要库存总额的 24% 到 25%。

（5）为了企业的经济效益。库存保存多会积压资金，库存不足也会造成资金浪费，唯有适当保存库存才能获得有效的营运。

（6）稳定操作水准，能减少或维持制造成本。

（7）促进生产防止库存不足。库存目的，是为了配合生产降低物料短缺率，作为生产期内保障物料供应、促进生产而存在的。

（8）缩短生产周期。适当保存材料、在制品以缩短生产周期。

（9）改善物料搬运效率。为了使物料合理地搬运，必须强调时间观念，改善搬运和库存，使之完美结合才能收到效果。

（10）为了缩短物料供应周期。如果缩短了从订货到物料进厂的时间，即把物料的订货交货时间缩短，为供应周期准备的预备库存量可以减少。

（11）为了防止物料陈旧。了解各种物料的特性，分别针对其特性采取相应的保管方法。对那些容易风化、生锈、破碎及体积大的物品则必要时再购进，或尽量少存。

2. ERP 库存管理的功能

ERP 库存管理的功能包括表 2-13 所示几个方面。

表 2-13　ERP 库存管理的功能

序号	功能	说明
1	库存跟踪	通过对库存的实时跟踪，ERP 系统能够确保库存始终保持在所需的水平，从而避免过度或不足
2	库存盘点	定期性地进行库存盘点，确保系统中的库存信息和实际库存数据一致
3	入库管理	针对所有的采购和生产任务，系统都能进行入库操作，并自动更新相应的库存信息

序号	功能	说明
4	出库管理	为所有的发货任务提供出库支持，通过更新库存信息来跟踪库存消耗情况
5	库存调拨	当库存不足或者有过多库存时，可以进行库存调拨，从而让不同仓库之间进行调配来满足生产或交付需求
6	库存分配	将库存分配给不同的项目或订单，确保生产或交付过程中的库存能够满足各个要求
7	库存报告	提供运营情况、库存状况、库存趋势、库存利用率等相关信息的管理报告，以帮助企业决策者进行更好的管理

（三）RFID 仓储管理系统

RFID 仓储管理系统是一个基于 RFID 识别技术为货物识别追踪、管理和查验货物信息的平台，其中追踪主要包括配送需求、货物送货、货物入库和配送超时等功能模块。该系统将先进的 RFID 识别技术和计算机的数据库管理查询相结合，自动识别货物信息，实现企业物流运作的自动化、信息化、智能化的需求，同时实现 RFID 技术与企业信息化体系的无缝对接，确保 RFID 技术在企业物流作业中发挥最大效益。

RFID 仓储物流管理系统由发卡贴标、出库管理、入库管理、调拨移位、库存盘点和附加功能组成。出库管理系统包含出库货物申领、出库货物识别、出库记录下传。入库管理系统包含库位分配设置、卸货物品识别、入库记录管理，如图 2-52 所示。

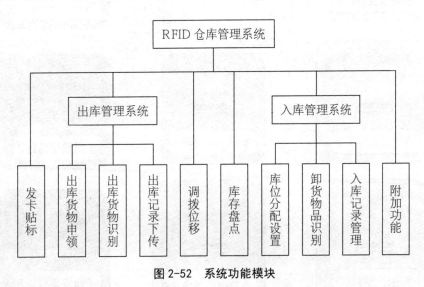

图 2-52　系统功能模块

1. 货物贴标

对新购置的货物进行贴标的操作，使其配备电子标签。标签的唯一 ID 号或用户写入数据可作为货物的标识码，其数据用于记录货物名称、购入时间、所属仓库、货物属性等信息。当安装在各个通道的读写器识别到标签时便可自动获取货物的所有信息。

2. 货物入库

首先，对需要入库货物在系统上先安排库位，如货物属于哪类，需要放置在哪个仓库，哪个货架；其次，将所有已贴有标签的物品放到待入库区，从出入通道运入仓库内；当经过通道时，RFID读写器会自动识别标签信息，若读写器识别的标签信息及数量正确则入库，若读写器识别的标签信息错误或数量少时，系统则进行提示；在入库时操作人员根据标签信息和系统提示可将货物存放到相应的仓库区域，同时系统将自动更新物品信息（日期、材料、类别、数量等），并形成入库单明细，如图2-53所示。

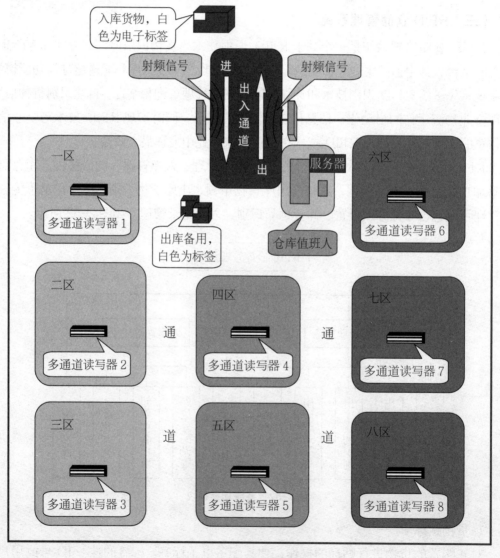

图2-53　货物入库示意图

3.货物出库

货物出库前，相关人员需在电脑上填写需要出库物品申请单；仓库管理人员接到出库单后通过手持机或者查询服务器找出相应物品，并将货物放置于待出库区域；将贴有电子标签的待出库货物通过出入通道被读写器识别后再进行装车；出通道时读写器将识别到的电子标签信息与出库申请单核对，确认装车货物是否符合一致，若不一致时则重复识别或补充缺货；系统自动更新物品信息（日期、材料、类别、数量等），并形成出库单明细，如图2-54所示。

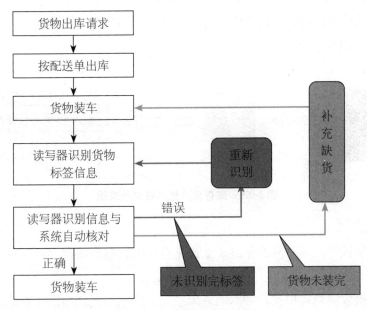

图2-54 货物出库示意图

4.货物调拨和移库

要进行调拨移库的货物，通过出入通道时，会被安装在通道旁的读写器所识别，读写器记录当前标签信息，并发送至后台中心。后台中心根据出入通道识别标签的先后顺序等判断其为入库、出库还是调拨等。还可以通过手持机进行货物移位的操作，当仓库管理员发现某个货物被放错位置时，可手动安放好货物，同时通过手持机更改标签信息并发送给服务器，实现快捷便利的移位功能，如图2-55所示。

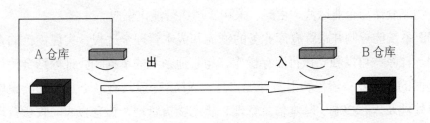

图2-55 货物调拨和移库示意图

5. 库存盘点

（1）账账核对。仓管员通过手持机获取货位 RFID 标签中的信息，将该信息与仓库管理系统中的信息进行核对，管理人员只需要拿着手持机在货位间走一遍即可完成盘点。

（2）账实核对。操作员通过核对具体货物的标签信息与仓库管理系统中的储存信息点即完成作业，具体操作如下：

主机形成盘点作业指令，操作员根据指令，持激活状态的手持机对待盘点区域进行盘点，用手持机逐个扫描该货位上所有货物包装上的电子标签，扫描完该货架上所有货物后，进行确认，得到标签盘点信息，通过无线局域网将包含该信息的操作日志传回主机，主机将得到该盘点信息与货架标签中信息、原始库存信息进行比照，对产生的差额信息作进一步处理，如图 2-56 所示。

××年××月××日				
产品名称	期初库存	本期入库	本期出库	期末库存
××				
××				
××				
××				
××				

数据服务器

图 2-56   库存盘点账实核对示意图

6. 附加功能

（1）库存量预警。当库房的存量少于正常存量时，系统将提示补充存量，避免库存不足的现象。

（2）防盗报警。当货物被异常挪动或未经允许带出时，读写器识别的同时即向系统报警，避免货物遗失或被盗。

（四）WMS 仓库管理系统

WMS 是 warehouse management system 的缩写，意为智能仓库管理系统。WMS 是通过入库业务、出库业务、仓库调拨、库存调拨和虚仓管理等功能，综合批次管理、物料对应、库存盘点、质检管理和即时库存管理等功能综合运用的管理系统，通过条码、RFID、电子标签有效控制并跟踪仓库业务的物流和成本管理全过程，实现完善的企业仓储信息管理，提高仓储物流配送效率。该系统既可以独立执行物流仓储库存操作，也可以实现物流仓储与企业运营、生产、采购、销售智能化集成。

WMS 系统能控制并跟踪仓库业务的物流和成本管理全过程，实现完善的企业仓储信息管理。该系统可以独立执行库存操作，与其他系统的单据和凭证等结合使用，可提供更为全面的企业业务流程和财务管理信息。WMS 一般具有以下几个功能模块：管理单独订单处理及库存控制、基本信息管理、货物物流管理、信息报表、收货管理、拣选管理、盘点管理、移库管理、打印管理和后台服务系统。以下提供某制造企业 WMS 系统的基本功能供读者了解。

其主要功能如表 2-14 所示。

表 2-14 仓库管理系统（WMS）的功能

序号	功能	说明
1	货位管理	采用数据收集器读取产品条形码，查询产品在货位的具体位置，（如 X 产品在 A 货区 B 航道 C 货位），实现产品的全方位管理。通过终端或数据收集器实时地查看货位货量的存储情况、空间大小及产品的最大容量，管理货仓的区域、容量、体积和装备限度
2	产品质检	产成品包装完成并粘贴条码之后，运到仓库暂存区由质检部门进行检验，质检部门对检验不合格的产品扫描其包装条码，并在采集器上作出相应记录，检验完毕后把采集器与计算机进行连接，把数据上传到系统中；对合格产品生成质检单，由仓库保管人员执行生产入库操作
3	产品入库	从系统中下载入库任务到采集器中，入库时扫描其中一件产品包装上的条码，在采集器上输入相应数量，扫描货位条码（如果入库任务中指定了货位，则采集器自动进行货位核对），采集完毕后把数据上传到系统中，系统自动对数据进行处理，数据库中记录此次入库的品种、数量、入库人员、质检人员、货位、产品生产日期、班组等所有必要信息，系统并对相应货位的产品进行累加
4	物料配送	根据不同货位生成的配料清单包含非常详尽的配料信息，包括配料时间、配料工位、配料明细、配料数量等，相关保管人员在拣货时可以根据这些条码信息自动形成预警，对错误配料的明细和数量信息都可以进行预警提示，极大地提高仓库管理人员的工作效率
5	产品出库	产品出库时仓库保管人员凭销售部门的提货单，根据先入先出原则，从系统中找出相应产品数据下载到采集器中，制定出库任务，到指定的货位，先扫描货位条码（如果货位错误则采集器进行报警），然后扫描其中一件产品的条码，如果满足出库任务条件则输入数量执行出库，并核对或记录下运输单位及车辆信息（以便以后产品跟踪及追溯使用），否则采集器可报警提示
6	仓库退货	根据实际退货情况，扫描退货物品条码，导入系统生成退货单，确认后生成退货明细和账务的核算等
7	仓库盘点	根据公司制度，在系统中根据要进行盘点的仓库、品种等条件制定盘点任务，把盘点信息下载到采集器中，仓库工作人员通过到指定区域扫描产品条码输入数量的方式进行盘点，采集完毕后把数据上传到系统中，生成盘点报表
8	库存预警	仓库环节可以根据企业实际情况为仓库总量、每个品种设置上下警戒线，当库存数量接近或超出警戒线时，进行报警提示，及时地进行生产、销售等的调整，优化企业的生产和库存
9	质量追溯	此环节的数据准确性与之前的各种操作有密切关系。可根据各种属性如生产日期、品种、生产班组、质检人员、批次等对相关产品的流向进行每个信息点的跟踪；同时也可以根据相关产品属性、操作点信息对产品进行向上追溯。信息查询与分析报表在此系统基础上，可根据需要设置多个客户端，为不同的部门设定不同的权限，无论是生产部门、质检部门、销售部门、领导决策部门都可以根据所赋权限在第一时间内查询到相关的生产、库存、销售等各种可靠信息，并可进行数据分析。同时可生成并打印所规定格式的报表

序号	功能	说明
10	业务批次管理	该功能提供完善的物料批次信息、批次管理设置、批号编码规则设置、日常业务处理、报表查询，以及库存管理等综合批次管理功能，使企业进一步完善批次管理，满足经营管理的需求
11	保质期管理	在批次管理基础上，针对物料提供保质期管理及到期存货预警，以满足保质期管理需求。用户可以设置保质期物料名称、录入初始数据、处理日常单据，以及查询即时库存和报表等
12	质量检验管理	集成质量管理功能是与采购、仓库、生产等环节的相关功能，实现对物料的质量控制，包括购货检验、完工检验和库存抽检3种质量检验业务。同时为仓库系统提供质量检验模块，综合处理与质量检验业务相关的检验单、质检方案和质检报表，包括设置质检方案检验单、质检业务报表等业务资料，以及查询质检报表等
13	即时库存智能管理	该功能用来查询当前物料即时库存数量和其他相关信息，库存更新控制随时更新当前库存数量，查看方式有如下多种： （1）所有仓库、仓位、物料和批次的数量信息 （2）当前物料在仓库和仓位中的库存情况 （3）当前仓库中物料的库存情况 （4）当前物料的各批次在仓库和仓位中的库存情况 （5）当前仓库及当前仓位中的物料库存情况
14	赠品管理	该功能实现赠品管理的全面解决方案，包括赠品仓库设置、连属单据定义、赠品单据设置、定义业务单据联系、日常业务流程处理，以及报表查询等功能
15	虚仓管理	仓库不仅指具有实物形态的场地或建筑物，还包括不具有仓库实体形态，但代行仓库部分功能且代表物料不同管理方式的虚仓。仓库管理设置待检仓、代管仓和赠品仓等3种虚仓形式，并提供专门单据和报表综合管理虚仓业务
16	仓位管理	该功能在仓库中增加仓位属性，同时进行仓位管理，以丰富仓库信息，提高库存管理质量，主要包括基础资料设置、仓库仓位设置、初始数据录入、日常业务处理和即时库存查询等
17	业务资料联查	单据关联（包括上拉式和下推式关联）是工业供需链业务流程的基础，而单据联查业务流程中的单据关系。在仓库系统中提供了单据、凭证、账簿、报表的全面关联，以及动态连续查询
18	多级审核管理	多级审核管理是对多级审核、审核人、审核权限和审核效果等进行授权的工作平台，是采用多角度、多级别及顺序审核处理业务单据的管理方法。它体现了工作流管理的思路，属于ERP系统的用户授权性质的基本管理设置
19	系统参数设置	该功能初始设置业务操作的基本业务信息和操作规则，包括设置系统参数、单据编码规则、打印及单据类型等，帮助用户把握业务操作规范和运作控制
20	波次计划	波次计划是指将多个订单合成一个订单，或将一个大订单拆分成多个小订单。主要用来提高拣货效率

第七节 开展仓库5S活动

一个管理良好的仓库除了具备良好的规划及水、电、通风设备外，还应该避免仓库内因为货物的堆积而出现杂乱，而最好的方法就是执行5S活动。

一、仓库5S认知

5S来源于5个日文词汇的首字母，他们是：seiri（整理），seiton（整顿），seiso（清扫），seiketsu（清洁）和shitsuke（素养），5S的含义如图2-57所示。

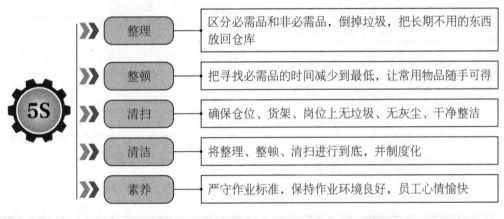

整理	区分必需品和非必需品，倒掉垃圾，把长期不用的东西放回仓库
整顿	把寻找必需品的时间减少到最低，让常用物品随手可得
清扫	确保仓位、货架、岗位上无垃圾、无灰尘、干净整洁
清洁	将整理、整顿、清扫进行到底，并制度化
素养	严守作业标准，保持作业环境良好，员工心情愉快

图2-57 5S的含义

二、仓库5S的必要性

（一）仓库5S问题分析

为了在仓库彻底执行5S，就有必要对仓库的问题进行分析，以便采取相应的对策。以下所列是仓库问题点，供参考。

（1）物品管理问题点，如表2-15所示。

表2-15 物品管理问题点

序号	5S不良现象	危害
1	物品乱堆放	可能造成损坏和引起通道不畅
2	物品没有标志	可能造成误用或错取

序号	5S不良现象	危害
3	物品上有灰尘	可能影响物品质量
4	物品堆积过高	有跌落的危险
5	物品没有定位	增加寻找物品的时间
6	物品包装破损	可能造成物品损坏
7	无用物品未处理	占用场地，增加管理难度

（2）安全管理问题点，如表2-16所示。

表2-16　安全管理问题点

序号	5S不良现象	危害
1	安全隐患多	可能造成火灾或事故
2	灭火装置配置不合理	出现灾害或事故时，可能造成应急对策措施的延误
3	安全通道不畅	
4	消防设备维护不好	
5	应急措施不明确	
6	有不安全设备	可能造成工伤事故

（3）员工精神面貌方面问题点，如表2-17所示。

表2-17　员工精神面貌方面问题点

序号	5S不良现象	危害
1	员工无精打采	效率低
2	员工穿戴不整齐	影响公司形象和士气
3	员工抱怨多	影响员工工作积极性，效率低
4	现场员工无所事事	影响公司形象和生产效率
5	员工之间没有问候	影响士气
6	员工不按标准作业	容易造成品质不良和引起安全事故

（4）区域管理方面问题点，如表2-18所示。

表2-18　区域管理方面问题点

序号	不良现象	危害
1	区域规划混乱	影响效率和形象

序号	不良现象	危害
2	区域内有垃圾灰尘	影响质量或公司形象
3	区域管理责任不明	
4	区域内有乱张贴	
5	区域没有画线标志	
6	墙面、地面破损脏污	影响公司形象和员工士气
7	门窗桌椅等破损	影响公司形象和员工士气

（5）工作环境方面问题点，如表2-19所示。

表2-19　工作环境方面问题点

序号	不良现象	危害
1	空气不流通	危害员工身体健康
2	温度、湿度过高	影响员工健康或产品质量
3	粉尘、气味、噪声严重	
4	采光或照明不好	
5	地面、楼面震动	影响质量和建筑物安全
6	更衣室、休息室、厕所脏乱	影响员工士气
7	员工没有休息场所	

（6）作业方面问题点，如表2-20所示。

表2-20　作业方面问题点

序号	不良现象	危害
1	无谓走动多	作业效率低
2	无谓搬动多	
3	作业停顿多	作业效率低，工作强度高
4	弯腰、曲背、垫脚作业多	
5	困难作业多	
6	转身角度过大、不规范作业多	容易造成质量不良和引起安全事故

（7）设备方面5S问题点，如表2-21所示。

表 2-21　设备方面 5S 问题点

序号	5S 不良现象	危害
1	设备上有灰尘	影响形象，易造成设备故障
2	设备油漆脱落	
3	设备上乱张贴	
4	无用设备未处理	占用空间，造成浪费
5	设备故障等未修复	造成设备损坏，降低使用寿命
6	点检标准等不明确	易造成设备不良
7	设备上有安全隐患	可能引起事故

（二）仓库实施 5S 管理的意义

（1）5S 管理能减少库存量，排除过剩生产；

（2）减少卡板、叉车等搬运工具的使用量；

（3）减少不必要的仓库、货架和设备；

（4）使寻找时间、等待时间、避让调整时间最小化；

（5）减少取出、安装、盘点、搬运等无附加价值的活动；

（6）提高员工的素养，保证仓库的整洁和安全。

三、仓库 5S 执行要领

（一）仓库整理要领

1.现场检查

对仓库作业现场进行全面检查，包括看得见和看不见的地方，如设备的内部、文件柜的顶部、货架底部等位置。

进行整理的主要活动如图 2-58 所示。

明确原则，大胆果断清除（或废弃）无用品

研究无用品的产生原因，并采取相应对策

防止污染源的发生

促使文件编排、存放系统高效化

图 2-58　进行整理的主要活动

2.区分必需品和非必需品

管理必需品和清除非必需品同样重要。首先要判断物品的重要性，然后根据其使用频率决定管理方法。对于必需品，一般放在工作台附近，便于寻找和使用；而对于非必需品，可以把它存到一边，并定期进行检查；对于有些过期的物品，则应迅速变卖或丢弃。

【精益范本4】▶▶

必需品和非必需品的处理方法

必需品和非必需品的辨别与处理方法如下表所示。

根据使用频率确定物品处理方法

类别	使用频率		处理方法	备注
必需品	每个小时		放在工作台上或随身携带	
	每天		工作台附近存放	
	每周		现场存放	
非必需品	每月		存放起来	定期检查
	三个月			
	半年			
	一年		封存起来	
	两年			
	不确定	有用	储存起来	
		无用	变卖/丢弃	定期清理
	不能用		变卖/丢弃	立即进行

3.清理非必需品

清理非必需品时，把握的原则是看物品现在有没有"使用价值"，而不是看物品原来的"购买价值"；同时注意图2-59所示几个要点。

要点一	货架、工具箱、抽屉、橱柜中的杂物，过期的报纸、杂志，空罐，已损坏的工具、器皿等
要点二	各仓库的墙角、窗台上、货架后、柜顶上摆放的样品、零件等杂物
要点三	长时间不用或已经不能使用的设备、工具、原材料、半成品、成品
要点四	仓库办公场所、桌椅下面、揭示板上的废旧文具、过期文件及表格、过期的数据记录等

图 2-59　清理非必需品注意要点

4.非必需品的处理

对非必需品的处理，一般有以下几种方法，如图2-60所示。

无使用价值	有使用价值
·折价变卖 ·转移为其他用途。如作为培训工具、作展示教育用途等	·涉及机密、专利，则特别处理 ·普通废弃物，则分类后出售 ·污染环境物，则特别处理

图2-60 非必需品的处理方法

5.每天循环整理

整理是一个永无止境的过程。现场每天都在变化，昨天的必需品在今天可能是多余的，今天的需要与明天的需求必有所不同。因此整理贵在日日做、时时做。

（二）仓库整顿要领

仓库整顿要掌握一定的要领，如表2-22所示。

表2-22 仓库整顿要领

序号	步骤	要领
1	彻底地进行整理	（1）彻底地进行整理，只留下必需物品 （2）在工作岗位只能摆放最低限度的必需物品 （3）正确判断出是个人所需品还是小组共需品 （4）合理地决定物品的保管方法和布局，并彻底实施定点、定位存放管理。对物品、场所的有关内容（名称、数量、状态等）进行标示
2	确定放置场所	（1）放在岗位上的哪一个位置比较方便进行布局 （2）制作一个模型（1：50），便于布局规划 （3）将经常使用的物品放在工段的最近处 （4）对特殊物品、危险品设置专门场所进行保管 （5）物品放置100%定位
3	规定摆放方法	（1）产品按机能或按种类区分放置 （2）摆放方法各种各样，例如，架式、箱内、工具柜、悬吊式，各个岗位提出各自的想法 （3）尽量立体放置，充分利用空间 （4）便于拿取和先进先出 （5）平行、直角式陈列，在规定区域放置 （6）堆放高度应有限制 （7）容易损坏的物品要分隔或加防护垫保管，防止碰撞 （8）做好防潮、防尘、防锈措施

序号	步骤	要领
4	进行标示	（1）采用不同色的油漆、胶带、地板砖或栅栏划分区域 （2）限定通道最低宽度 （3）一般区分 （4）在摆放场所标明所摆放物品 （5）在摆放物体上进行标示 （6）根据工作需要灵活采用各种标示方法 （7）标签上要进行标明，一目了然 （8）某些物品、产品要注明储存或搬运的注意事项以及保养时间和方法 （9）暂放物品、产品应挂暂放牌，指明管理责任、时间跨度 （10）标示100％实施

（三）仓库清扫要领

（1）清扫活动或要点。进行清扫的主要活动或要点如图2-61所示。

图2-61　清扫活动或要点

（2）清扫的准备工作。清扫前应做好准备工作，如图2-62所示。

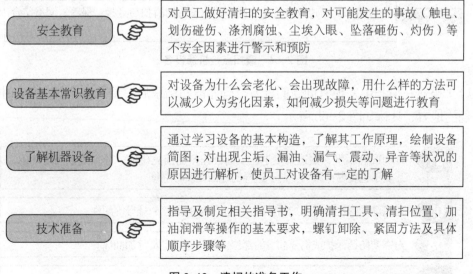

图2-62　清扫的准备工作

（3）清除垃圾、灰尘。仓库清扫时应扫除工作岗位上的一切垃圾、灰尘，具体如图 2-63 所示。

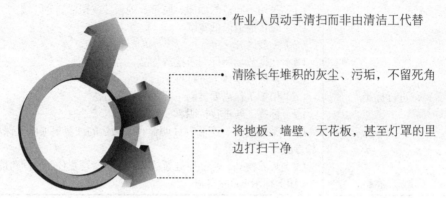

作业人员动手清扫而非由清洁工代替

清除长年堆积的灰尘、污垢，不留死角

将地板、墙壁、天花板，甚至灯罩的里边打扫干净

图 2-63　清扫垃圾、灰尘

（4）清扫点检机器设备。仓库清扫时应仔细清扫点检机器设备，具体如图 2-64 所示。

要点一	设备本来是干干净净的，所以我们每天都要恢复设备原来的状态。而这一工作则是从清扫开始的
要点二	不仅设备本身，连带其附属、辅助设备也要清扫（如分析仪、气管、水槽等）
要点三	容易发生跑、冒、滴、漏的部位要重点检查确认
要点四	油管、气管、空气压缩机等不易发现和看不到的内部结构要特别留心注意
要点五	一边清扫，一边改善设备状况，即把设备的清扫与点检、保养、润滑结合起来

图 2-64　清扫点检机器设备

（5）整修在清扫中发现有问题的地方。仓库清扫结束后，要及时整修在清扫中发现有问题的地方，具体如图 2-65 所示。

01	地面凹凸不平，搬运车辆走在上面会让产品摇晃碰撞，导致质量问题发生，连员工也容易摔跟头。对于这样的地面要及时整修
02	对松动的螺栓要马上加以紧固，补上不见的螺丝、螺母等配件
03	对需要防锈保护或需要润滑的部位，要按照规定及时加油保养
04	更换老化或破损的水管、气管、油管

05	清理堵塞的管道
06	调查跑、滴、冒、漏的原因，并及时加以处理
07	更换或维修难以读数的仪表装置
08	添置必要的安全防护装置（如防压鞋、绝缘手套等）
09	要及时更换绝缘层已老化或被老鼠咬坏的导线

图 2-65　整修有问题的地方

（6）查明污垢的发生源（跑、滴、冒、漏），从根本上解决问题。即使每天进行清扫，油渍、灰尘和碎屑还是四处遍布。因此须查明污垢的发生源，从根本上解决问题；制定污垢发生源的明细清单，按计划逐步改善，从根本上灭绝污垢。

（7）实行区域责任制。对于清扫，应该进行区域划分，实行区域责任制，并落实到人。不可存在无人管理的死角。

（8）制定相关清扫基准。明确清扫对象、方法、重点、周期、使用工具、责任人等内容，从而保证清扫质量，促进清扫工作的标准化。

（四）仓库清洁要领

仓库清洁的要领如图 2-66 所示。

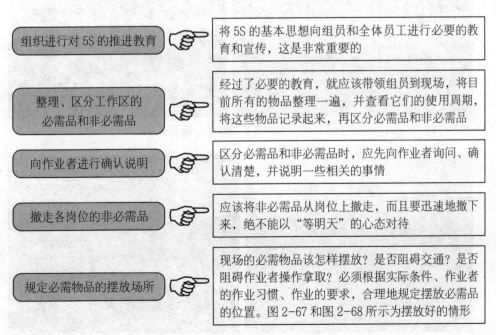

图 2-66

规定摆放方法		规定了摆放场所之后，必须确认一下摆放的高度、宽度以及数量，以便于管理；并将这些规定形成文件，便于日后改善、整体推进和总结
进行标示		所有的工作都做了，有必要做一些标志，即标示规定的位置、规定的高度、规定的宽度和数量
将放置方法和识别方法对作业者进行说明		将规定下来的放置方法和识别方法交给作业者，将工作从推进人员的手中移交给作业者。在说明时，必须注意原则性的问题。有些作业者开始时会不太适应或认为不对，但对于有必要实行的规定，一定要让该作业者实施。告诉该作业者在实施的过程中可以提出意见，改善这个规定，但是不能擅自取消。对基本要求必须实施强制手段，在完善改进的领域里可以采取民主的手法，强制加民主可以让工作做得更好
清扫并在地板上画出区域线，明确各责任区和责任人		必须划分责任区和明确责任人。只有规定了责任范围和责任人，工作才能被良好地贯彻下去

图 2-66　仓库清洁的要领

图 2-67　仓库做好整顿后，整齐有序

图 2-68　统一规定存放成品的塑料箱大小、规格，各种零部件分类摆放，并做好标志

（五）仓库的素养要领

素养就是培养全体仓库员工良好的工作习惯、组织纪律和敬业精神。每一位员工都应该自觉养成遵守规章制度、工作纪律的习惯，努力创造一个具有良好氛围的工作场所。如果绝大多数员工能够将以上要求付诸实践的话，个别员工就会抛弃坏的习惯，转向好的方面发展。

（1）制定仓库5S管理规范，教导员工学习、理解并努力遵守规章制度，使它成为每个人应具备的一种修养；

（2）领导者的热情帮助与被领导者的努力自律是非常重要的；

（3）需要人们有更高的合作奉献精神和职业道德；

（4）互相信任，管理公开化、透明化；

（5）勇于自我检讨反省，为他人着想，为他人服务。

【精益范本5】▶▶▶

仓库5S管理规范

1. 目的

对仓储的工作现场进行整理、整顿，保持生产设施处于清洁、整齐、有序的状态，并持续不断地改进工作环境的条件，以提高员工的工作积极性和工作效率，为确保项目质量创造条件。

2. 范围

凡与本项目质量有关的办公场所、库房区域等均适用。

3. 定义

3.1　工作环境：指对仓储质量有影响的过程周围的条件。包括作业人员的态度、举止、能力；仓库环境、库区与库房维护、灯光照明、噪声、通风、电器装置的控制，以及与仓储维护有关的安全事项。

3.2　5S指的是：整理、整顿、清扫、清洁、素养。

3.2.1　整理：将办公场所和工作现场中的物品、设备清楚地区分为需要品和不需要品，对需要品进行妥善保管，对不需要品则进行处理或报废。

3.2.2　整顿：将需要品依据所规定的定位、定量等方式进行摆放整齐，并明确地对其予以标识，使寻找需要品的时间减少为零。

3.2.3　清扫：将办公场所和作业现场的工作环境打扫干净，使其保持在无垃圾、无灰尘、无脏污、干净整洁的状态，并防止其污染的发生。

3.2.4　清洁：将整理、整顿、清扫的实施做法进行到底，且维持其成果，并对其实施做法予以标准化、制度化。

3.2.5 素养：以"人性"为出发点，通过整理、整顿、清扫、清洁等合理化的改善活动，培养上下一体的共同管理语言，使全体人员养成守标准、守规定的良好习惯，进而促进全面管理水平的提升。

4. 职责

4.1 各部门/班组负责包括作业现场、办公区域等工作环境执行、维持和管理。

4.2 质量安全小组负责对作业现场、办公区域等工作环境的检查和监督。

5. 仓库现场 5S 管理

5.1 现场管理原则：使作业现场的一切物品都有区（位）；一切区域都有标识；一切设施的用途和状态都明确；一切不安全因素都要排除，达到 5S 管理的要求。

5.2 现场"5S"管理责任区划分、责任卡制作要求

5.2.1 责任区域划分目的：为提高工作效率，做到人人有事做，事事有人管，区域清楚，责任明确。

5.2.2 原则：

（1）方便、就近的原则——如某一员工一天大部分时间在哪个区域工作，哪个区域就应该划分给他，这样不但方便他日常的 5S 活动，也不影响他正常的工作。

（2）明确、清晰的原则——必须责任明确，区域划分清晰。

（3）无遗漏原则——即"事事有人管"。

（4）避免形式主义原则——对制定的责任区的责任要做到有人监督，制定相应的考核、奖罚制度

5.2.3 责任卡制作：

（1）按各自管辖区域，以班组为单位，将每个地方，每件物品（或一些物品），每件事进行责任分工，分工要细化到人头。

（2）责任卡：下表为例（具体责任卡制定由各部门或班组进行）

5S 工作区域责任卡			
责任区域		区域负责人	
责任项目	实施人	要求	
区域卫生		工作台、地面干净、整洁	
工具、工装存放		将使用的工具、工装按照要求存放	
设备存放		设备使用后存放在指定位置并清洁	
……	……	……	

5.3　作业现场的环境要求：

5.3.1　"死角"或凌乱不堪的地方。

5.3.2　内地面要保持洁净、无尘、无杂物，不允许有积水，不允许有散落杂物或物料。地面区域线清晰无剥落，两侧物品不压线。

5.3.3　内墙壁、门窗上不允许有电线、残缺的宣传标语等废弃物，要保持洁净无尘；窗台上无杂物；墙壁无蜘蛛网。

5.3.4　凡是经主管部门认定为废弃无用的物品要进行彻底清除，不得残留占据空间、场地，影响观瞻；凡正常使用的设施要保持清洁、干净，损坏的要及时修补，要明确责任人、监督人。

5.4　作业现场的定置要求：

5.4.1　定置图，标出其主体部分，不用标出库房内部生产班组的具体位置。

5.4.2　库房定置图反映的内容应包括收货区、暂存区、发货区、货架区域、设备、通道、工具箱、更衣室、垃圾箱、工装架、固定工位使用的器具或用具、消防器材、电器、电源开关等。并能够反映出办公区域位置，标出名称。

5.4.3　所有物料应有状态特性卡片，并按规定定置在指定货架位置。

5.4.4　定置图方位指示方向可为上北、下南、左西、右东。

5.4.5　库房定置图采用计算机彩色制版，以展板形式固定在墙上。

5.4.6　现场内可移动物品全部按规定区域摆放，并划线定置；包含范围：叉车、拉车、铲车、垃圾篓、工作台、材料架、标志牌等。

5.4.7　经常移动的物品，应有文字说明的标志，标志要朝向使用者易于观察的方向，并放置在托板上便于移动。

5.5　作业现场各种区域线颜色管理和定置标识方法

5.5.1　区域线标识采用彩色油漆。区域线线宽：40～50毫米，宽度应尽量统一。

5.5.2　白色——用于作业现场收货区、暂存区、发货区、工具箱、台、架、桌椅、推车等地面标识。

5.5.3　黄色——用于作业现场放置的待处理品和作业现场的与生产关系不紧密的物品。如清扫工具、临时存放的包装物品等。

5.5.4　红色——用于作业现场放置的防火器材地面标识；

5.5.5　黑色——用于工作现场废品箱和垃圾箱的地面标识。

5.5.6　定置标识方法：按物品状态，在定置区域明显部位，喷涂同区域颜色对应的实体方框，喷字颜色为白色，字体为：黑体，方框大小可视字体多少各库房内部统一。

5.5.7　货架等实施颜色标识的管理规定：货架颜色要按产品状态配置。

5.6 标识与看板

5.6.1 仓库进出区域、办公区域、作业区域、货架应有明显的警示、指示标识。

5.6.2 办公区域以及作业区域应设立相关的看板。

5.7 员工行为规范

5.7.1 工作前

（1）所有人员必须按时出勤，依规定穿戴好工作衣帽及劳保防护用品，佩戴工作证。女员工发辫盘在帽内，不准穿高跟鞋和裙子。男员工不准赤膊和穿拖鞋。保持衣着整齐、仪表端庄。

（2）环视检查整个现场，将通道区所摆放的任何物品及时清理，保持通道畅通。

（3）检查设备、工具、文件单证、有无摆放整齐，有无故障，有无灰尘。将所有物料、工具按指定的地方摆放，使物料、工具摆放井然有序，整个现场宽敞、明亮、整洁无比，创造一个良好的工作环境。

5.7.2 工作中

（1）按作业规范进行各项操作，不能有蹿岗、换岗的现象。禁止违章作业，防止造成人身伤害。

（2）在工作岗位上不大声谈笑和唱歌，不吃零食，不得用手机聊天，禁止在生产现场与他人争执，打架斗殴。

（3）不擅自离岗，有事先请假，同意后方可离岗。

（4）禁止酒后上班，禁止上班做与工作无关的事情。禁止偷盗公司或他人任何财物。

5.7.3 下班前

（1）应对整个现场进行检查，从地板到墙面到所有物料、工具，看是否干净、整洁，对不符合规定的地方及时纠正，保持整个现场整整齐齐、井井有条，每个角落都整洁无比，为下一个班次或次日的工作创造一个舒适的工作环境。

（2）关闭门窗、各种电源；

（3）下班出仓库，做到有纪律、有秩序。

四、仓库5S执行中的问题及对策

（一）仓库5S执行中的问题及产生原因

1.整理方面

仓库整理常见问题有：不用的杂物、设备、材料、工具都堆放在仓库，使仓库变成"杂物存放地"；货架大小不一，物品摆放不整齐。

这种情况产生的原因如图 2-69 所示。

| | 虽然现在不用，但以后要用，搬来搬去怪麻烦的，因而不整理，造成现场杂乱无章 |

| | 对于大件的物品，好不容易才放到现有的位置，又要按照"5S"的要求进行整理，打算过几天发完以后再调整位置，结果惰性成为习惯，难以改正 |

个别仓管员的抵触情绪表现在：为什么别人管理的物品不如我的整齐都不指出，而偏偏就找出我的缺点，太不公平了

图 2-69　整理问题产生的原因

2. 整顿方面

仓库整顿时常见问题有：货架上的物品没有"物品收发登记卡"，管理状态不清，除了当事人之外，其他人一时难以找到；货架太高或物品堆积太高，不易拿取；没有按"重低轻高""大低小高"的原则摆放。

这种情况产生原因如图 2-70 所示。

原因一	刚开始放得很整齐，一发料又乱了，根本没时间去整理
原因二	仓管员认为物品收发登记卡挂在周转箱上妨碍发料（或者辅助仓库物品太多、太杂，胶木件仓库挂登记卡不容易），只要自己心中有数就行了
原因三	仓管员为图省事，不按生产节拍运作，给车间发料时一次发的太多，造成车间现场混乱

图 2-70　整顿问题产生的原因

3. 清扫方面

仓库清扫的常见问题有：物品连外包装箱在内一起放在货架上，影响仓库的整齐划一；清扫时只扫货物不扫货架；清扫不彻底。

这种情况产生原因如图 2-71 所示。

01	只在规定的时间清扫，平时见到污渍和脏物也不当一回事
02	认为清扫只是清洁工的事，与仓库管理员无关
03	清扫对象过高、过远，手不容易够着，于是很少或干脆就不打扫死角
04	清扫工具太简单，许多脏物无法清除

图 2-71　清扫问题产生的原因

4.清洁方面

仓库清扫的常见问题有：突击打扫很卖力，清洁维持难长久。

这种情况产生原因如图2-72所示。

原因一 ▷ 出于小团体的荣誉，为了应付检查评比经常搞突击性卫生打扫，当时清爽宜人，事后不注意清洁效果的维持，也就是通常所说的"一阵风"

原因二 ▷ 简单地停留在扫干净的认识上，以为只要扫干净就是清洁了，结果除了干净之外，其他方面并没有多大的改善

原因三 ▷ 清洁化的对象只限于仓库所管理的物品，对库房顶上、窗户外面等没有清扫

图 2-72　清洁问题产生的原因

5.素养方面

素养方面的问题主要是工作缺乏主动性，就事论事，工作中没有创新。

这种情况产生原因如图2-73所示。

只是按照规章制度的要求去做，不动脑筋想办法如何做得更好 ◁ 原因一 ／ 原因二 ▷ 认为只要做好本职工作就可以了，没有必要再花时间学习业务知识

图 2-73　素养问题产生的原因

（二）对策

针对上述不良症状，可采取图2-74所示对策。

对策一 ▷ 在整理、整顿、清扫、清洁"4S"中制定工作规范，即仓库管理要做到"两齐"（库容整齐、堆放整齐）、"三清"（数量、质量、规格）、"三洁"（货架、物件、地面）、"三相符"（账、卡、物）、"四定位"（区、架、层、位对号入座）

对策二 ▷ 结合每周一次的不定期检查，将结果张榜公布并通报全公司，责成责任单位负责人定期改正

对策三 ▷ 每年对仓管员进行一次轮训，强化"安全"和"素养"的意识

图 2-74　仓库 5S 执行问题的对策

第三章

精益仓储之
入库管理

情景导入

杨老师："大家都是公司里的优秀仓管员了，仓管员的一项重要工作就是物料的接收入库。上节课我们讲了仓库的规划，大家也认识到了好的仓库规划对材料入库的重要作用，然而影响材料入库的因素不只是仓库的规划问题，现在我给大家分成四组，分别讨论一下，大家在安排物料入库时遇到过什么问题，十分钟后请小组代表给大家分享一下讨论结果。"

杨老师根据座位，将全体人员分为了4组，每组各自推荐一名组长。

······

十分钟后，小组讨论结束。

杨老师："好了，讨论现在结束，现在请大家按照组号，每组派一位代表负责发表该组的意见。首先，请第一组的人员，大家欢迎！"

第一组组员小张："我们组员遇到的主要问题是与供应商约定到料时间后，因为各种原因不能按时到厂入库；按时到厂的物料有可能发生规格、质量不符或者错发；经常遇到的问题还有数量不符等。"

杨老师："总结得很好，下面请第二组分享讨论结果。"

第二组组员小李："经过讨论，我们组员普遍表示经常遇到证件不齐或者证单不符的问题，比如一批物料需要三种证件，但是供应商送货只提供了两种，或者供应商提供的质量证明书与我厂的进仓单或者合同对不上等问题。"

杨老师："这也是入库管理的常见问题，下面有请第三组分享讨论结果。"

第三组组员：······

第四组组员：······

杨老师："大家都总结得非常好，看来大家在接收物料入库时都遇到过各种各样的问题。在本节课，我将给大家讲解物料接收入库与成品、半成品入库管理的相关内容。"

第一节　物料接收入库

一、物料接收计划

要有计划地安排仓位，筹集各种器材，配备作业的劳动力，物控部门必须编制接收计划，以使仓库的储存业务最大限度地做到有准备、有秩序地进行。

物料接收计划是物控部门根据采购部门提供的物料采购进货计划来编制的，企业物料采购进货计划主要包括各类物料的进库时间、品种、规格、数量等，这种计划通常也叫物料储存计划。

物控部门根据采购部门提交的采购进度计划，结合仓库本身的储存能力、设备条件、劳动力情况和各种仓库业务操作过程所需要的时间，来确定物料接收计划。

【精益范本1】▶▶▶

物料接收计划的表格

采购部门的采购计划、进货安排会经常发生变化。为适应这种情况，物控部门在编制接收计划时可采取长计划短安排的办法，按月编制作业计划。对于物料接收计划的称呼，各企业不一定一样，有的称物料月接收计划，有的称物料进厂进度控制表，有的称物料接收交期一览表等，以下提供几个范例供参考，如下表所示。

物料月接收计划

日期：　　　　　　　　　　　　　　　　　　　　　　　　编号：

序号	接收日期	物料品名	物料规格/型号	供应商	交货数量	存放位置	备注
制作人		审核		采购部		仓管部	

物料进厂进度控制表

日期：　　　　　　　　　　　　　　　　　　　　　　　　编号：

物料编号	规格型号	订购日	订购单号	厂商	订购数量	计划交货日	实际交货日	交货数量	进料验收单编号	备注

物料接收交期一览表

日期：　　年　月　日　　　　　　　　　　　　　　　　编号：

物料编号	品名规格	订购日	订单号	订购数量	计划分批接收数量	计划交期	厂商	备注

厂长：　　　　　　　　　生产经理：　　　　　　　　　制表：

注：本表一式三联，第一联交采购部，第二联交生产部，第三联交收料处。

二、物料接收入库流程

接收物料的管理过程包括从接到收货通知单开始，到把物料存放到规定的位置为止的整个过程。具体步骤如图 3-1 所示。

（一）预接收材料

1.送货单

送货单是接收材料的凭证，是完成采购订单的具体体现。仓管员一旦在送货单上签了字，就意味着该物品被接收，也就可以办理其他入账关联手续。送货单如表 3-1 所示。

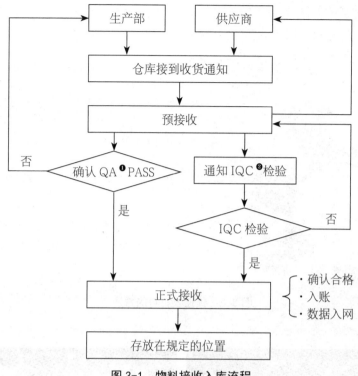

图 3-1　物料接收入库流程

表 3-1　送货单

to: 地址:　　　　　　　　　电话:						编号: 日期:			
from: 地址:　　　　　　　　　电话:									
序号	订单号	品名	编号	规格	单位	数量	单价	金额	备注

发货人:　　　　　　日期:　　　　　　收货人:　　　　　　日期:

---

❶ QA，即 quality assurance 的缩写，意为质量保证，通过建立和维持质量管理体系来确保产品质量没有问题。

❷ IQC，即 incoming quality control 的缩写，意为来料质量控制。

2.预接收材料的方法

仓管员在预接收材料时要按图 3-2 所示的方法进行。供应商的装箱标签如图 3-3 所示，物料信息及检验合格标记如图 3-4 所示。

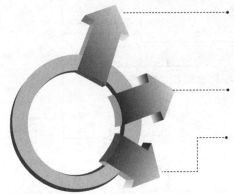

确认实物、清点数量、检查外包装状态和供方的检验合格标志。如有任何问题，都要当面指出

确认上述两项后，接收员在送货单上签字

将签字后的送货单复印一份交给送货人，原件登记后送 IQC 通知检验

图 3-2　预接收材料的方法

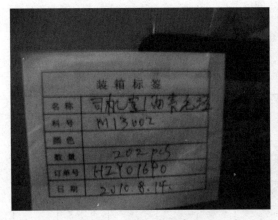

图 3-3　供应商的装箱标签

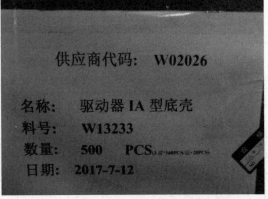

图 3-4　物料信息及检验合格标记

（二）通知检验

通知 IQC 检验的方式有两种：开来料报告单和直接转交送货单。

（1）开来料报告单，通知质管部 IQC 进行检验。这种方法比较麻烦，因为要多开一次单，但它详细地描述了过程要求，比如检查期限、注意事项、编号、追溯、检查结果、处理结果等，这些都有利于物料的管控。

以来料报告单的形式通知 IQC 检验的过程如图 3-5 所示。

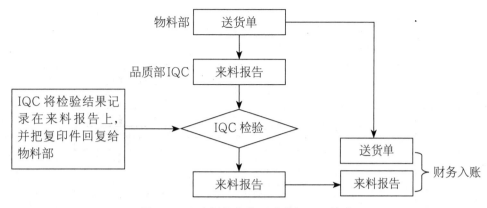

图 3-5　以来料报告单形式通知 IQC 检验

（2）直接转交送货单，通知 IQC 检验。即经过登记后在送货单上加盖本公司的编号印记直接使用。这种方法很简单，但不容易追溯，比如，遇到送货单丢失的情况就没法查考了。

以送货单的形式通知 IQC 检验的过程如图 3-6 所示。

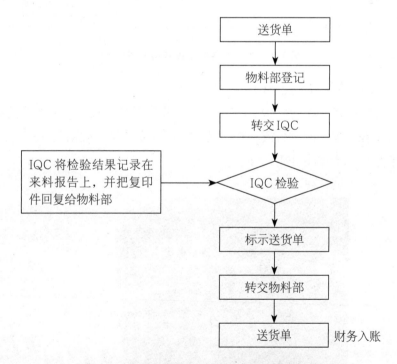

图 3-6　以送货单的形式通知 IQC 检验的过程

（三）按检验结果处理物料

1.处理流程

按检验结果处理物料的流程如图 3-7 所示。

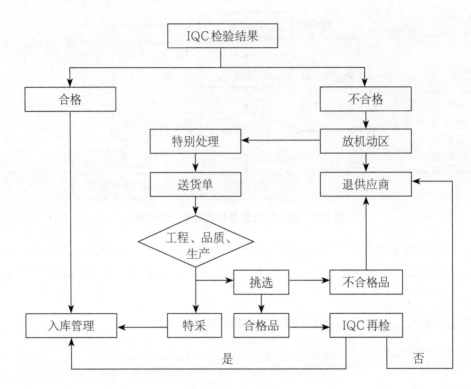

图 3-7　按检验结果处理物料的流程图

2. 依据 IQC 的检验结果处理相关物料

IQC 对检验后物料的标示方法通常为：在送货单或来料报告上标注检验结果，如合格、不合格等；在被检验的物料或其外包装上标注检验结果，如粘贴 IQC 合格、不合格标签等。不合格标示卡如图 3-8 所示。

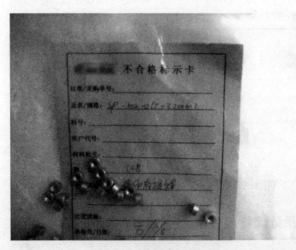

图 3-8　不合格标示卡

讲师提醒

物料部对于IQC在供应商现场已实施检验的物料，通常依据其标志按合格品处理。

（四）损害赔偿的提出

当检验的结果和订购的数量、品质及条件一致时，就完全没有问题。但是如果货物和样品不同或是有不良品、物料有一部分没达到质量要求、物料数量不足、交期延迟或是出货不符等意外、不全或不履行等情形，就需要作处理。

这时候就必须要求损害赔偿，以防止这类情形再发生。

三、物料检验方式

无论是物流企业、制造企业还是流通型企业，仓库收到物料后，在物料入库前都应该根据企业自身的情况做好物料的验收工作，为物料的储存打下良好的基础。

物料检验方式如下。

（一）数量检验

数量检验通常与检查接收工作一起进行。一般的做法是直接检验，但是当现货和送货单没有同时到达时，就会实行大略式的检验。另外，在检验时要将数量做两次确认，以确保数量无误。数量检验如图3-9所示。

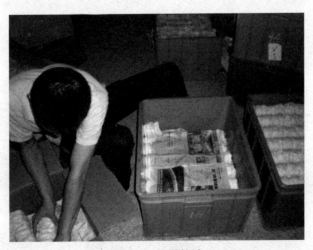

图3-9 数量检验

数量检验应注意图3-10所示问题。

 件数不符 在大数点收中，如发生件数与收货通知单（采购订单）所列不符，数量短少，经复点确认后，应立即在送货单各联上批注清楚，按实数签收，同时，由仓管员与送货人共同签章

 包装异状 在大数点收的同时，对每件物品的包装和标志要进行认真的查看。物品包装的异状，往往是物品受到损害的一种外在现象

物品串库 在点收本地入库物品时，如发现货与单不符，有部分物品错送来库的情况（俗称串库），仓管员应将这部分与单不符的物品另行堆放，待应收的物品点收完毕后，交由送货人员带回，并在签收时如数减除

 物品异状损失 设有铁路专用线的仓库，在接收物品时如发现物品异状，由仓管员直接向交通运输部门交涉。如遇车皮或船舱铅封损坏，经双方会同清查点验，确有异状、损失情况，应向交通运输部门按章索赔。如该批物品在托运之时，供应商另有附言，损失责任不属交通运输部门者，应请其做普通记录，以明责任，并作为必要时向供应商要求赔偿损失的凭证

图3-10　数量检验应注意的问题

【精益范本2】▶▶

短料报告

经验收核对确实，由仓管员将查明短少物品的品名、规格和数量通知承运单位和供应商，并开出短料报告，要求供应商补料。

短料报告

to:　　　　　　　　　　　　　产品序列号（S/N码）：
from:　　　　　　　　　　　　　　　　　日期：

物料编码（P/N）			
供应商		订单号（PO No.）	
来料日期		短料数量	
收料仓员		要求补回数量	
短料原因			
仓储主管核实		质检证明	
处理意见		请供应商在_____前补回短料数。	

（二）品质检验

品质检验是确认接收的货物与订购的货物是否一致。对于物品的检验，还可以用科学的红外线鉴定法等，或者依照验收的经验及产品知识采取各种检验方法。

1.检验物品包装

物品包装的完整程度及干湿状况与内装物品的质量有着直接的关系。通过对包装的检验，能够发现在储存、运输物品过程中可能发生的意外，并据此推断出物品的受损情况。因此，在验收物品时，仓管员需要首先对包装进行严格的验收。发现包装出现以下情况时要认真对待，具体如图3-11所示。

 当发现包装上有人为挖洞、开缝的现象时，说明物料在运输的过程中有被盗窃的可能，此时要对物料的数量进行仔细核对

 当发现包装上有水渍、潮湿时，表明物料在运输的过程中有被雨淋、水浸或物料本身出现潮解、渗漏的现象，此时要对物料进行开箱检验

 当发现包装有被污染的痕迹时，说明可能由于配装不当，引起了物料的泄漏，并导致物料之间相互沾污，此时要将物料送交质量检验部门检验，以确定物料的质量是否产生了变化

 当发现包装破损时，说明包装结构不良、材质不当或装卸过程中有乱摔、乱扔、碰撞等情况，此时包装内的物料可能会出现磕碰、挤压等情况，影响了物料的质量

图3-11　包装可能出现的情况及处理方式

 讲师提醒

对物品包装的检验是对物品质量进行检验的一个重要环节。通过观察物品包装的好坏可以有效地判断出物品在运送过程中可能出现的损伤，并据此制定对物品的进一步检验措施。

2.检验外观质量

物品外观质量检验的内容包括外观质量缺陷，外观质量受损情况及受潮、霉变和锈蚀情况等。

对物品外观质量的检验主要采用感官验收法，如图3-12所示，这是用感觉器官，如视觉、听觉、触觉、嗅觉来检查物品质量的一种方法。它简便易行，不需要专门设备，但是却有一定的主观性，容易受检验人员的经验、操作方法和环境等因素的影响。

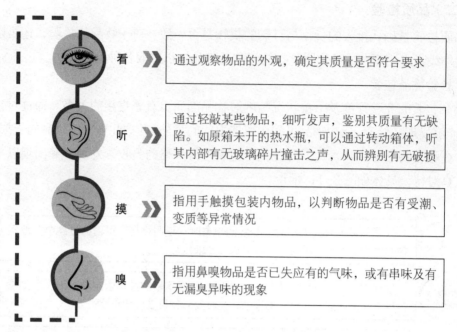

图 3-12 感官验收法

 讲师提醒

　　对于不需要进行进一步质量检验的物品，仓管员在完成上述检验并判断物品合格后，就可以为物品办理入库手续了。而对于那些需要进一步进行内在质量检验的物品，仓管员应该通知质量检验部门，对产品进行质量检验。待检验合格后才能够办理物品的入库手续。

（三）契约（采购）条件检验

　　检验关于采购的契约条件，例如商品质量、数量、交货、价格、货款结算等条件是否相符等。

四、填制物料入库账卡

　　物品验收合格后，仓管员要据实填写物品外购入库单和台账。

（一）外购物品入库单

　　外购物品入库单是指企业从其他单位采购的原材料或产品入库时所填写的单据。它除了记录物品的名称、物品的编号、实际验收数量、进货价格等内容外，还要记录与采购有关的合同编号、采购价格、结算方式等内容，其具体格式如表 3-2 所示。

表 3-2　物品入库单

采购合同号：　　　　　　　　件数：　　　　　　　　入库时间：

物品名称	品种	型号	编号	数量			进货单价	金额	结算方式	
				进货量	实点量	量差			合同	现款

采购部经理：　　　　　采购员：　　　　　仓管员：　　　　　核价员：

说明：该表一式三联，第一联留作仓库登记实物账；第二联交给采购部门，作为采购员办理付款的依据；第三联交给财务记账。

在填写时，仓管人员应该做到内容完整、字迹清晰，并于每日工作结束后，将入库单的存根联进行整理，并且统一保存。

（二）明细账登记

为了便于对入库物品的管理，正确反映物品的入库、出库及结存情况，并为对账、盘点等作业提供依据，仓库还要建立实物明细账，以记录库存物品的动态。

五、设置物品保管卡

物品保管卡（见图 3-13 和图 3-14）又叫货卡、料卡，它是一种实物标签，是仓管员管理物品的"耳目"。

图 3-13　标明物料的名称、数量等信息，方便管理

图 3-14　制作简要的管制卡，标示物料的相关信息

物品保管卡包括的内容主要有以下几个方面。

（1）表示货物的状态，如待检、待处理、不合格、合格等。

（2）表明货物的名称、规格、供应商和批次。

（3）物品的入库、出库与库存动态等信息。

保管卡上的内容不是一成不变的，仓管员可以根据具体情况，对物品保管卡的具体内容做适当的调整。

如对于设置了专门的待检区、待处理区、合格产品区、不合格产品区的仓库，在设置保管卡时，可以省略货物的状态；而为了便于对物品存量进行控制及管理，则可以在物品保管卡上增加物品的估计用量、安全库存等信息，其具体内容可以如表3-3和表3-4所示。

表3-3　物品保管卡（一）

物品名称		物品编号	
物品规格		物品批次	
供应商		标准单位	
物品状态：□成品　□半成品　□待验　□待处理　□不合格　□合格			
库存量		仓管员	

表3-4　物品保管卡（二）

货位编号：　　　　　　　　　标示日期：

材料名称		用途			
材料编号		主要供应商			
估计年用量		订货期		经济定量	
安全用量		代替品			
月份	实际用量	需求计划			平均单价
1					
2					
3					
...					
12					
合计					
收发记录					
日期	单据号码	发出量	存量	收料量	退回	订货记录	备注

第二节　成品、半成品入库

一、成品入库

（一）成品入库必备条件

产品经包装、质量管理部门检验符合企业内控标准、质量管理部门批准发放销售。

（二）成品入库验收内容

（1）车间成品入库应由车间填写"成品入库单"，交仓管员审核。验收"成品入库单""检验报告单""成品审核放行单"，逐项核对"三单"中的产品名称、规格、数量、包装规格和批号是否相符，与入库产品是否相符，字迹是否清楚无误，是否签印齐全。

（2）检查产品外包装。仓管员检查产品外包装时应注意四点内容，如图3-15所示。

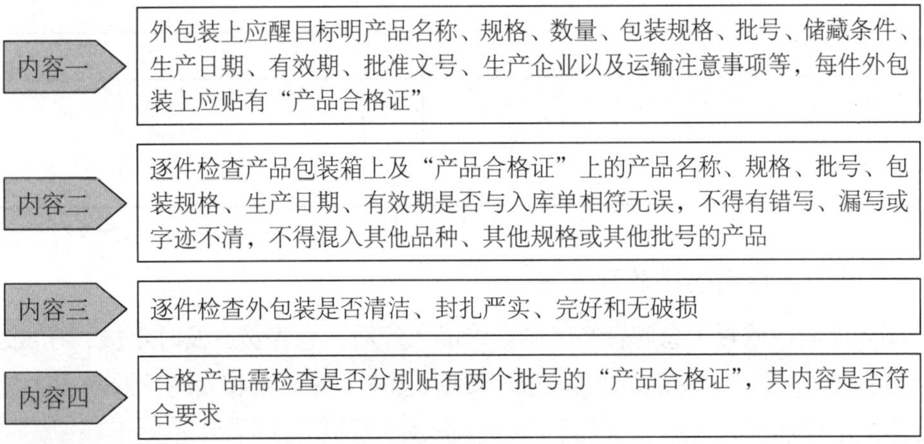

内容一 ▶ 外包装上应醒目标明产品名称、规格、数量、包装规格、批号、储藏条件、生产日期、有效期、批准文号、生产企业以及运输注意事项等，每件外包装上应贴有"产品合格证"

内容二 ▶ 逐件检查产品包装箱上及"产品合格证"上的产品名称、规格、批号、包装规格、生产日期、有效期是否与入库单相符无误，不得有错写、漏写或字迹不清，不得混入其他品种、其他规格或其他批号的产品

内容三 ▶ 逐件检查外包装是否清洁、封扎严实、完好和无破损

内容四 ▶ 合格产品需检查是否分别贴有两个批号的"产品合格证"，其内容是否符合要求

图 3-15　检查产品外包装

（3）清点数量，是否与"成品入库单"相符（如表3-5、表3-6所示）。

表 3-5　成品入库单

送货部门：　　　　　　　　　　　年　　月　　日　　　　　　入库单号：

产品编号	品名	规格	包装规格	生产日期	批号	有效期至	检验单号	单位	数量

续表

入库验收情况	入库验收情况　数量点收（　　　　）　外观检查（　　　　）　合格证（　　　　）			
	检验报告书（　　　　）　成品审核放行单（　　　　）			
备注：				

此单为四联①（白）仓库　　②（红）财务　　③（黄）生产车间　　④（绿）统计

审批人：　　　　　　制单人：　　　　　　　　经办人：　　　　　　　　收货人：

表3-6　外厂加工成品入库单

年　　月　　日　　　　　　　　　　编号：

成品名称		数量		单价	
承制厂商		总价			
点收记录	□ 短交　　□ 超交　　□ 正确		点收人		
检验记录			检验人		
入库记录	成品仓库			生产部		
	主管		经手人	主管		入库人

年　　月　　日　　　　　　　编号：

（三）成品入库后的摆放及入账

成品入库后应放置于仓库合格区内。产品入库后，仓管员应及时审核，在成品账上记录产品的名称、型号、规格、批号、生产日期、数量、保质期和入库日期以及注意事项，并按规定做出标示。

要记住，未经检验和试验或经检验和试验认为不合格的产品不得入库。

二、半成品入库

仓库要加强对半成品仓的管理必须建立基本的库管制度，比如物品出入库流程，库房管理制度，库存物品盘点制度等，管理重点在流程上。围绕流程设计相关的表单，如出库单、入库单、领料单、盘点表等，这些表单要和财务统计结合起来，财务才可能做好账。

（一）半成品入库的检验

半成品入库的检验要注意两点内容，如图3-16所示。

半成品仓管员应着手安排货
仓物料人员按2%～5%抽点
单位包装数量，并在抽查箱
面上注明抽查标记　　内容一

数量无误后，仓管员在"半
成品入库单"上签名，各取
回相应联单，将货收入指定
仓位，挂上"物料卡"　　内容二

图 3-16　半成品入库的检验

【精益范本 3】▶▶▶

半成品入库单

生产部门：　　　　　　　　　　　　　　　　编　号：

生产单号：　　　　　　　　　　　　　　　　日　期：

编号	品名	规格	单位	生产批量	入库数量	质管判定	实收数量	备注

仓管员：　　　　　　　质管员：　　　　　　　生产物料员：

（二）账目记录

仓管员及时做好半成品的入账手续。

（三）表单的保存与分发

仓管员将当天的单据分类归档或集中分送到相关部门。

第三节　物料退仓入库

一、退料的类型

退料的类型如图 3-17 所示。

1	当天下班前仍没有用完的易燃易爆危险品，比如油漆、天那水等
2	订单生产任务完成后的剩余材料
3	需要缴库管理的特殊材料、贵重材料等
4	可以再用的边角余料
5	加工错误但可以通过改制用到其他产品生产上的报废零部件

图 3-17　退料的类型

退料应按照有关程序进行，并填写退料单，仓管员要核对退料单的内容与实物是否相符方可退料入库。

二、退料的处理方式

退料的处理方式主要有三种，如图 3-18 所示。

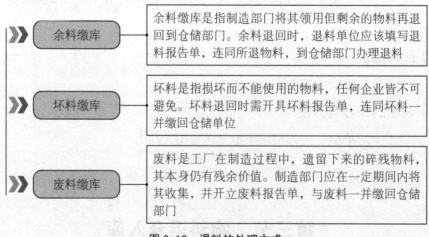

图 3-18　退料的处理方式

三、物料退仓手续

仓库在办理物料退换时，首先要弄清其相应的手续，比如退料单，以便工作中有凭有据。

（一）签收退料单

仓管员接到退料单，应审查是否有责任人的签名。

【精益范本4】▶▶

退料单

退料单的具体格式如下表所示。

退料单

日期：

物品编号	物品名称	生产通知单号	数量	好料	坏料		退料原因
					生产坏	来料坏	

退料人：　　　　　　　IQC：　　　　　　　　　仓库：　　　　　　　审核人：

坏（废）料退库单

工作命令号		退料单位		退料日期	年　月　日
组件编号		入库单位		会计科目	
元件编号	规格名称	退库数量	单位	发现损坏制度	发现损坏原因
					□ 材料不良 □ 外出加工不良 □ 本厂加工不良
退库原因及处理	□ 材料不良，退回供应商 □ 材料不良，不退供应商 □ 外出加工不良，退回外出加工厂商 □ 外出加工不良，不退外出加工厂商 □ 本厂损坏，可重修 □ 本厂损坏，报废		重修部分说明		

续表

管理部	仓库	收料组	质管部	组长	班长

注：本单一式三联。第一联：退库单位→质管部→仓库→管理部；第二联：退库单位→质管部→仓库→（如何重修）→生产部；第三联：退库单位存查。

物料退换手续也可视为"物品接收"手续，即发料的冲减。仓管员在记账时，应在发出栏内用红字填写，从而增加库存数量和金额。同样，在仓库统计表中，也应作为"减少发出量"计算，但任何情况下，都不得重新验收入账。

（二）办理物料的退料

仓库在开展物料退换时一定要注意图3-19所示事项。

保持物料的完整性	进行认真检查
对于退回的物料，仓管员应尽量保持其完整无损，比如，主机及附件、工具、技术资料、包装等齐全完备	仓库在接收退料时，应认真检查，经过维护保管后，再存入仓库

图3-19　物料退换注意事项

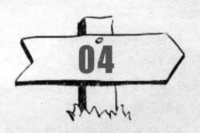

第四章

精益仓储之
储存管理

情景导入

杨老师："大家好，我们又见面了。大家还记得上节课的内容吗？"

"杨老师好！"学员们纷纷响应，"上节课讲的是物料入库，成品、半成品入库以及物料的退仓入库。"

杨老师："对，简单说就是利用精益思想做好入库工作，看来大家都学得很好了。那么大家思考一下，物料入库之后该做什么呢。"

下面一片窃窃私语……

杨老师："谁想表达一下请举手吧。"

这时学员们纷纷举手。

杨老师："很好，看来大家都有自己的看法啊，不愧是各家公司的优秀仓管员！"

杨老师："那么请第四排靠左边过道的小赵来谈谈自己的看法，大家掌声欢迎小赵！"

小赵："那我说一下我的看法。简单地说物料从入厂到成品出厂大致经历了几个阶段，收料入库、发料、生产、成品入库、出厂，但是物料入库之后并不是直接发料的，而是要在仓库储存一段时间，当然，这段时间有长有短，但是无论如何，这段储存的时间都是非常重要的。"

杨老师："小赵同学说得非常好，想必是公司非常优秀的仓管员了。"

这时，大家纷纷鼓掌表示对小赵的肯定。

杨老师："是的，物料入库后的储存工作是非常重要的。如何做好储存工作也是一门学问呢。今天就要给大家讲讲如何利用精益思维做好物料的储存工作，大家需要注意几点内容，分别是物料的堆放、各类物品的保管要求、温度和湿度的控制、库存物品的保养、在库物品质量的控制。"

第一节　储存管理的要求

一、储存保管要求

各种原材料、在制品、成品均应储存在适宜的场地和库房，储存场所条件应与产品要求相适应，如必要的通风、防潮、温控等条件（见图 4-1），企业应规定入库验收、保管和发放的仓库管理制度或标准，定期检查库存品的状况，以防止产品在使用或交付前受到损坏或变质。

图 4-1　仓库内干净整洁，物品摆放整齐，通道也很宽敞

（一）整理好储存区域

仓库的储存区域应整洁,具有适宜的环境条件。对温度、湿度和其他条件敏感的物资,应有明显的识别标志,并加以单独存放,提供必要的环境。

（二）使用适当的储存方法

储存中可能会变质和腐蚀的物资,应按一定的防腐蚀和变质的方法进行清洗、防护、特殊包装和存放。

（三）做好储存品的监控

要对储存品进行监控,仓库采取必要的控制手段。

（1）如定期检验、对在库产品实行先入先出的原则、定期熏蒸消毒等,做好库存品的检验记录。

（2）物资入库应验收合格,并注明接收日期,做好适当标志,对有储存期要求的物资,应有适用的储存品周转制度，物资堆放要有利于存取，并防止误用。

（3）定期检查库存品状况，限制非仓库人员进入，物资出库手续应齐全，加强仓库管理。

（4）储存物品应有一套清楚完整的账物卡管理制度。

二、物品保管的主要控制方法

物品保管的主要控制方法如图 4-2 所示。

物资的储存保管，原则上应以物资的属性、特点和用途来规划、设置仓库，并根据仓库的条件考虑划分区域

物资堆放的原则是：在堆垛合理、安全、可靠的前提下，推行五五堆放法；根据货物特点，必须做到过目见数，检点方便，成行成列，排放整齐

通道设计应合理，并留有适宜的包装或开包检查场地，平常应保持通道畅通

仓管员对库存、代保管、待验材料以及设备、容器和工具等负有经济责任和法律责任，因此要坚决做到人各有责，物各有主，事事有人管。仓库物资如有损失、贬值、报废、盘盈、盘亏等，仓管员应及时报告科长，分析原因，查明责任，按规定办理报批手续，未经批准一律不准擅自处理。仓管员不得采取"发生盈时多送，亏时克扣"的违纪做法

保管物资要根据其自然属性，考虑储存的场所和保管常识处理，加强保管措施，达到"十不"要求，务必使财产不发生保管责任损失。同类物资堆放时，要考虑先进先出，发货方便，留有回旋余地

保管物资，未经上级同意，一律不准擅自借出。总成物资，一律不准拆件零发，特殊情况需经上级批准

仓库要严格保卫制度，禁止非本库人员擅自入库。仓库严禁烟火，明火作业需经保卫部门批准。仓管员要懂得使用消防器材和掌握必要的防火知识

图 4-2　物品保管的主要控制方法

三、要做好标示

物品标示的目的是便于识别、便于管理，如图 4-3 和图 4-4。

图4-3　成品的外包装上的成品标识　　　　图4-4　每类物品都有相应的标签

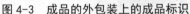

物品标示可以用于区分物品的种类、品质状态、作业方法等。

标示的方式有颜色管理（如用不同的颜色来区分月份）、看板管理（仓库规划看板、重要物品库存看板、评比状态等）、形态管理（如三角形表示保质期为三个月）等，且要明确张贴方式（如统一贴在箱子的右上角）。

标示的内容依行业特点不同而有所不同（如食品行业强调出厂日期与保质期、化学品重视安全防护）。但有以下三个主要内容：物品的种类、数量和生产厂商。

第二节　物料的堆放

一、物料堆放的原则

物料堆放的具体原则如图4-5所示。

原则一	多利用仓储空间，尽量采取立体堆放方式（见图4-6），提高仓库空间利用率
原则二	利用机械设备装卸，最好使用堆高机等增加货物堆放的空间
原则三	通道应有适当的宽度，并保持装卸空间。这样可以保证货物搬运顺畅，同时不影响货物装卸的工作效率
原则四	不同的货物应依本身的形态、性质、价值来考虑不同的堆放方式
原则五	货物堆放要考虑到先进先出的原则

图4-5

原则六	货物堆放要考虑储存数量易读取
原则七	物料的堆放应便于识别与检查，如良品、不良品、呆料、废料的分开处理

图4-5　物料堆放的原则

图4-6　统一用纸箱，大小一样，堆放整齐，方便清点

二、物料堆放的方法

（一）五五堆放法

五五堆放法是仓库物料堆放中最常见的堆放原则。五五堆放法是根据各种物料的特性和包装做到"五五成行、五五成方、五五成串、五五成堆、五五成层"，使物料叠放整齐，便于点数、盘点和取送，如图4-7和图4-8所示。

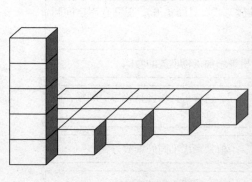

图4-7　五五堆放示意图

图4-8　五五堆放法

（二）六号定位法

六号定位法是指按"库号、仓位号、货架号、层号、订单号、物料编号"六号，对物料进行归类叠放，登记造册，并填制物料储位图以便于迅速查找物料的调仓。

（三）托盘化管理法

将物料码放在托盘上、卡板上、托箱中，便于成盘、成板、成箱地叠放和运输，有利于叉车将物料整体移动，提高物料保管的搬运效率，如图4-9所示。

图4-9　托盘化堆放示意图

（四）分类管理法

将品种繁多的物料，按其重要程度、进出仓率、价值大小、资金占用情况进行分类，并置放在不同类别的仓区，然后采用不同的管理规定，做到重点管理，兼顾一般。仓库分区图如图4-10所示。

A区					B区			
2301	2302	2303	2304	2305	3302	3305	3306	3307
C区					C区			
5602	5603	5608	5609	5610	1602	1603	1604	1605	1606

图4-10　仓库分区图

三、物料堆放的操作

（一）三层以上要骑缝堆放

骑缝堆放即相邻层面间箱体要互压，要求箱体相互联系、合为一体，这样可防止物料偏斜、摔倒，如图 4-11 所示。

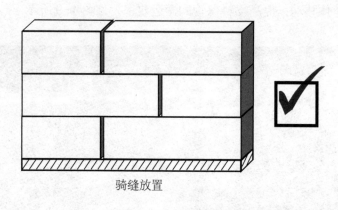

骑缝放置

图 4-11　骑缝放置

（二）堆放的物料不能超出卡板

堆放的物料不能超出卡板，即堆放的物料要小于卡板尺寸，要求受力均匀平衡，不要落空。这样可防止碰撞、损坏纸箱，如图 4-12 所示。

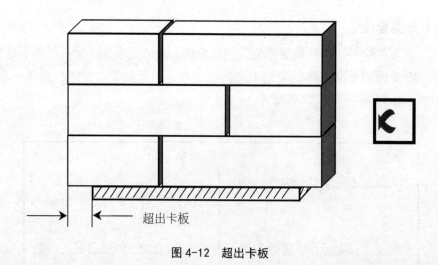

超出卡板

图 4-12　超出卡板

（三）遵守层数限制

遵守层数极限即纸箱上有层数限制标志，要求按层数标志堆放，不要超限，防止压垮纸箱、挤压物料，如图 4-13 和图 4-14 所示。

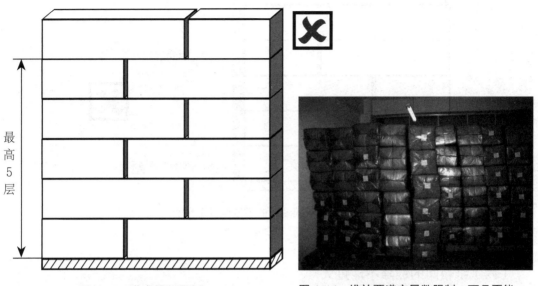

图 4-13　遵守层数限制　　　　　　图 4-14　堆放要遵守层数限制，而且不能
　　　　　　　　　　　　　　　　　　　　　　靠近顶灯

（四）不要倒放物料

在纸箱上有箭头指示方向，要求按箭头指向堆放，不要倒放或斜放，防止箱内物料挤压，如图 4-15 所示。

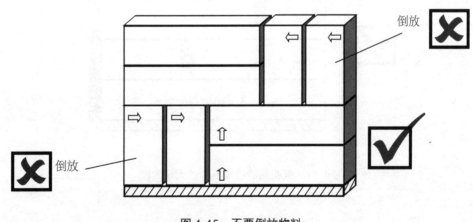

图 4-15　不要倒放物料

（五）纸箱变形的不能堆放

如果纸箱外部有明显的折痕就不能堆放，这是因为变形的纸箱不能承重。受损的纸箱要独立放置，以防止箱内物料受压，如图 4-16 所示。

113

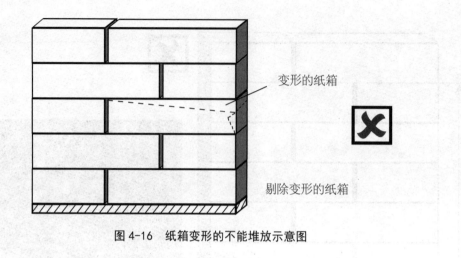

变形的纸箱

剔除变形的纸箱

图 4-16　纸箱变形的不能堆放示意图

（六）纸箱间的缝隙不能过大

同层纸箱会有间隔距离，这是因为纸箱的尺寸可能不一样。堆放要求是最大缝隙应不能大于纸箱，以防止箱内物料受挤压，如图 4-17 所示。

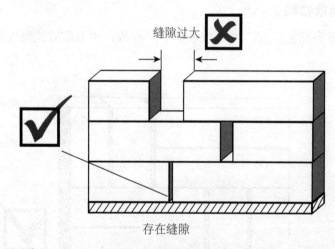

缝隙过大

存在缝隙

图 4-17　纸箱间的缝隙不能过大示意图

讲师提醒

物品堆放应根据物品的种类、性质、包装、使用的器具等不同而灵活选择不同的堆放方法。

第三节　各类物品的保管要求

一、贵重物品的管理

贵重物品是指价值较高的物品，一般根据物品的贵重程度实施不同级别的管理。通常运用专用仓库管理和保险柜管理。

（一）专用仓库管理

如图 4-18 所示的专用仓库主要用来保管 IC、焊锡条、羊绒等价值比较高且数量又大的物品。保管时实行专人专管的管理制度。

图 4-18　专用仓库

（二）保险柜管理

保险柜主要用来保管金、银、水银等贵重物品。保管时实行两人管理制。保险柜管理如图 4-19 所示。

图 4-19　保险柜管理

二、危险物品的管理

危险物品是指化工原料、印刷油墨、炸药、汽油、天那水等具有危险性的物料，其本身存在危险性，一般要根据物品的危险程度实施不同级别的管理。

（一）高危物品——专用仓库管理法

专用仓库管理法即设置专门用途的仓库，用以存放高危险性的物品，如炸药、汽油、天那水等。

（二）低危物品——隔离管理法

如图4-20至图4-22所示，隔离管理法即把存在危险性的物品与其他物品隔离开来，分别放置，如包装完好的化工原料、印刷油墨等。

图4-20　按规定存放需隔离物品

图4-21　对特殊危险物品专门存放并
　　　　标示，提醒注意安全

图4-22　工业气体瓶不能堆放，应专门划区存放

三、易损物品的管理

易损物品是指那些在搬运、存放、装卸过程中容易发生损坏的物品，如玻璃、陶瓷制品、精密仪表等，对这类物品的保管要求如图 4-23 所示，相关现场图如图 4-24 所示。

1 尽可能在原包装状态下实施搬运和装卸作业

2 不使用带有滚轮的储物架

3 利用平板车搬运时，要对码层做适当捆绑后进行

4 一般情况下不允许使用吊车作业；严禁滑动方式搬运

图 4-23　易损物品的存放要求

图 4-24　易损物品的存放

四、敏感材料

敏感材料本身具有很敏感的特性，若控制失误就有可能导致失效或产生事故。如磷可在空气中自燃、IC[1]怕静电感应、胶卷怕曝光、色板怕日晒风化等。这类物品的管理要求如图 4-25 所示，相关现场图如图 4-26 所示。

---

[1] IC，即 integrated circuit 的缩写，意为集成电路，是一种微型电子器件或部件。

01	接收时认真阅读并执行原制造商的保管要求
02	了解和掌握该类物品的特性，实施对口管理
03	必要时，要设置专人保管仓库
04	必须在原包装状态下搬运、保管和装卸
05	设置必要的敏感特性监视器具，以便有效消除不合适的环境因素

图 4-25 敏感材料的存放要求

图 4-26 敏感材料的存放

五、有效期限较短的物品

有效期限较短的物品是指有效期限不满一年，或随着时间的延长，其性能下降比较快的物品，如电池、黄胶水、PCB（printed circuit board，意为印制电路板）等。这类物品的管理要求如图 4-27 所示。

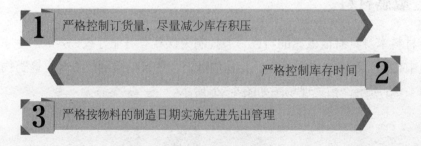

1 严格控制订货量，尽量减少库存积压

严格控制库存时间 2

3 严格按物料的制造日期实施先进先出管理

图 4-27 有效期限较短的物品存放

六、可疑材料

可疑材料是指那些性质、状态、规格、型号和名称等不明了，或缺乏证据的材料。可疑材料一律按不合格品处理。具体要求可参见企业的不合格品管理方法执行，只是在标示方法上注明是"可疑材料"，如图 4-28 所示。

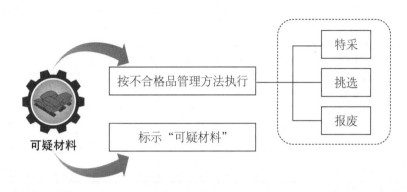

图 4-28　可疑材料的处理

七、长期库存的物品

物品长期库存是不合理的，所以应该尽量减少这类物品或及早采取措施消除。对长期库存的物品应按图 4-29 所示方法实施管理。

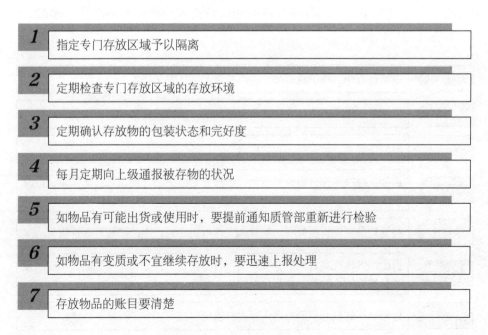

1 指定专门存放区域予以隔离

2 定期检查专门存放区域的存放环境

3 定期确认存放物的包装状态和完好度

4 每月定期向上级通报被存物的状况

5 如物品有可能出货或使用时，要提前通知质管部重新进行检验

6 如物品有变质或不宜继续存放时，要迅速上报处理

7 存放物品的账目要清楚

图 4-29　长期库存的物品存放

八、退货产品的处理

退货产品是指出货后由于某些原因又被客户退回公司的产品，主要包括两类。

（一）客户检验退货品

客户检验退货品是指被客户整批退回的未经使用的产品。这类退货产品一般是因客户或其他机构在检验中发现了某些问题而引起的。仓库对它们的应对要求如图 4-30 所示。

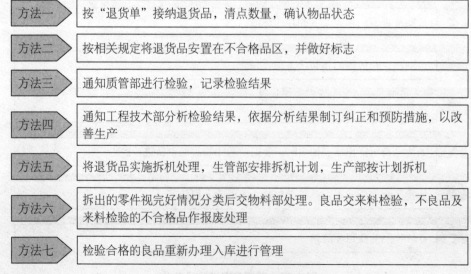

要求一	按"退货单"接纳退货品，清点数量，确认物品状态
要求二	按相关规定将退货品安置在不合格品区，并做好标志
要求三	通知质管部进行检验
要求四	通知工程技术部分析检验结果，并指定处理措施
要求五	由生管部安排返工计划，生产部按计划实施返工，返工后质管部再检验
要求六	品管部检验合格后再入库管理，等待再次出货

图 4-30　客户检验退货品的处理

（二）客户使用退货品

客户使用退货品是指已经被使用过的非批量性产品。这类退货产品一般是因客户在使用时发现了某些产品本身的功能或性能问题，致使客户产生不满意而引起的。仓库的应对方法如图 4-31 所示。

方法一	按"退货单"接纳退货品，清点数量，确认物品状态
方法二	按相关规定将退货品安置在不合格品区，并做好标志
方法三	通知质管部进行检验，记录检验结果
方法四	通知工程技术部分析检验结果，依据分析结果制订纠正和预防措施，以改善生产
方法五	将退货品实施拆机处理，生管部安排拆机计划，生产部按计划拆机
方法六	拆出的零件视完好情况分类后交物料部处理。良品交来料检验，不良品及来料检验的不合格品作报废处理
方法七	检验合格的良品重新办理入库进行管理

图 4-31　客户使用退货品的处理

第四节　温度、湿度控制

一、温度、湿度调控的方法

控制和调节库内温度、湿度有效的方法是采用密封、通风和吸潮相结合，其具体内容如下。

（一）密封调控法

密封，就是把物料尽可能严密地封闭起来，减少外界不良气候的影响，以达到安全保管的目的。采用密封方法，要和通风、吸潮结合运用，如运用得当，可以得到防潮、防霉、防热、防融化、防干裂、防冻、防锈蚀、防虫等多方面的效果。

（二）通风调控法

通风就是利用库内外空气温度不同而形成的气压差，使库内外空气形成对流，来达到调节库内温度、湿度的目的。空气是从压力大的地方向压力小的地方流动。当库内外温度差距越大时，空气流动就越快。若库外有风，借风的压力更能加速库内外空气的对流，但风力也不能过大（风力超过 5 级灰尘较多）。

通风分为降温（增温）和散潮两种。所以，正确地进行通风，不仅可以调节与改善库内的温、湿度，还能及时地散发物料及包装物的多余水分。

（三）吸潮调控法

在梅雨季节或阴雨天，当库外湿度过大不宜进行通风散潮时，可以在密封库内用吸潮的办法降低库内湿度。仓库中通常使用的吸潮剂有氯化钙、硅胶等。使用氯化钙吸潮如图 4-32 所示。

图 4-32　使用氯化钙吸潮

二、掌握库内温、湿度

在仓库内可放置温度计和湿度计来测量库内的温度和湿度，如图 4-33 所示，每天 8:00 ~ 10:00 和 14:00 ~ 16:00 各观察一次，并将观察结果记录在温、湿度记录表格上。在观察温度、湿度计时，不要把手、头、灯等接近温度计、湿度计的球部，更不能触及其表面，视线与水银柱的顶端应保持同一高度。

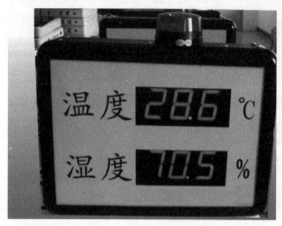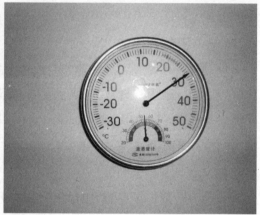

图 4-33　温度、湿度的监控

第五节　库存物品养护

一、防锈除锈处理

防止金属锈蚀是金属材料和金属制品保管的一项重要任务。金属锈蚀的原因很多，如大气锈蚀、土壤锈蚀、海水锈蚀、接触锈蚀等。而产生这些锈蚀的根本原因，是化学锈蚀和电化学锈蚀，其中电化学锈蚀最为普遍，最为严重。金属材料和金属制品的保养方法分为两大类：防锈和除锈。

（一）金属防锈

仓储保管应以预防为主，加强物品的储存保养。金属材料和金属制品的防锈方法有很多。在仓储保管中所采用的防锈办法，主要有以下几种。

（1）控制和改善储存条件。控制和改善金属的储存条件主要注意图 4-34 所示的要点。

要点一	选择适宜的保管场所。应尽可能选择远离有害气体和粉尘的厂房,远离酸、碱、盐类物质或气体。储存场所需具有良好的排水系统,货场要用碎石或炉灰垫平,以增强地面表层的透水性,保持库区的干燥
要点二	保持库房干燥。保持库房相对湿度在70%以下,较精密的金属制品必须在库房储存,并禁止与化工物品或含水量较高的物品同库储存
要点三	保持物品及储存场所的清洁
要点四	妥善码垛和苫盖(见图4-35和图4-36)。码垛时要垫高垛底,以加强垛下的通风
要点五	保持、保护材料的防护层和包装的完好。如果包装损坏,应进行修复或更换;当包装受潮时,应对包装材料进行干燥处理;如果发现防锈油已破坏或干涸,应及时进行清洗,重新涂油
要点六	坚持定期的质量检查,并做好质量检查记录

图4-34　控制和改善储存条件

图4-35　对于易锈损原材料,用苫布将其包好保护

图4-36　各种生产用零部件用塑料袋分装,做好防锈处理

(2)涂油防锈。在金属表面涂(或浸,或喷)一层防锈油脂薄膜,如图4-37所示。

图4-37　涂防锈油防锈

（3）气相防锈。气相防锈是一种常用的防锈方法，主要种类有粉末法、浸涂纸（布）法、溶液法等。

（4）可剥性塑料材料防锈。可剥性塑料材料是以塑料为基体的一种防锈包装材料。可剥性塑料涂抹于金属表面上成膜后，被一层析出的油膜与金属隔开，所以，启封时不需借助溶剂而能用手轻易剥除。这种材料适用于钢、铁和铝等金属，而且膜的韧性好，但费用昂贵。

（5）涂漆防锈。在金属制品表面均匀地涂上一层油漆，是应用极其广泛的一种防锈方法。其优点是施工简单、适用面广；缺点是易开裂、脱落，而且可从漆层空隙间透过湿气，往往在漆层底下发生金属锈蚀。

（6）防锈水防锈。防锈水防锈也是应用比较广泛的防锈方法，但因防锈期限短，所以多用于工序间防锈。

（二）金属除锈

金属除锈的方法有人工除锈、机械除锈、化学除锈和电化学除锈，图4-38显示模具已生锈，要通报检验并做出相应处理。

图 4-38　模具已生锈，要通报检验并做出相应处理

二、防霉除霉处理

物品霉变的防治主要是针对物品霉变的外因——微生物产生的环境条件，而采取相应的技术措施。对防治物品霉变所采取的措施有两条：一条是加强储存物品的保管工作；另一条是采用药物防霉腐。

（一）储存物品的合理保管

储存物品合理保管的具体内容如图4-39所示。

加强每批物品的入库检查，检查有无水渍和霉腐现象，检查物品的自然含水量是否超过储存保管范围，包装是否损坏受潮，内部有无发热现象等

 针对不同物品的性质，采取分类储存保管，达到不同的物品采用不同的储存保管条件，以防止物品的霉变

 根据各季节和各地区不同的储存保管条件，采取相应的通风降温措施，使库内温度和湿度达到抑制霉菌生长和繁殖的要求

图 4-39　储存物品的合理保管

（二）药剂防霉腐

药剂防霉腐即采取对霉腐微生物具有抑制和杀灭作用的化学药剂，喷洒到物品上，达到防止霉腐的目的。防霉腐药剂的种类很多，常用的工业品防腐药剂有亚氯酸钠、水杨酰苯胺、多聚甲醛等。

由于多数霉腐微生物只有在有氧气的条件下才能正常繁殖，所以，可采用氮气或二氧化碳气体取代物品储存环境的空气，使物品上的微生物不能生存，达到防霉腐效果。这种方法常用于工业品仓库。

【精益范本1】▶▶

常见易霉变物品

常见易霉变的物品见下表。

常见易霉变物品表

食品	糖果、饼干、糕点、饮料、罐头、酱醋、肉类、鱼类和鲜蛋等
日用品	化妆品
药品	以淀粉为载体的片剂、粉剂、丸剂，以糖液为主的各种糖浆，以蜂蜜为主的蜜丸，以动物胶为主的膏药，以葡萄糖等溶液为主的针剂等
皮革及其制品	皮鞋、皮包、皮箱和皮衣等
纺织品	棉、毛、麻、丝等天然纤维及其制品
工艺品	竹制品、木制品、草制品、麻制品、绢花、面塑、绒绣和雕刻等

第六节　在库品质量控制

一、日常质量监督

（一）日常质量监督的方式和性质

总体上讲，在库品日常质量监督的工作方式是巡视，方法是目视检查。

（1）巡视：定时巡回查看。

（2）目视检查：用眼睛观察确认，如图4-40所示。

（二）日常质量监督的实施频率

日常质量监督的实施频率为：每班不少于一次，夜班也不能例外。

图4-40　目视检查

（三）日常质量监督的内容

仓库日常质量监督的内容如图4-41所示。

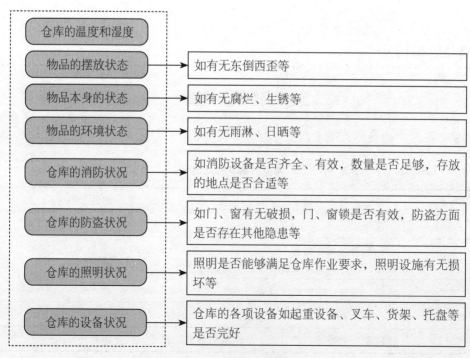

图4-41　日常质量监督

【精益范本 2】▶▶▶

仓库巡查记录表

日常质量监督无须记录检查报表，但必须有实施确认表，以免责任人遗忘和进行必要的追溯，如下表所示。

仓库巡查记录表

检查项目	月　日	月　日	月　日	月　日	月　日	月　日	月　日
	星期一	星期二	星期三	星期四	星期五	星期六	星期日
库房清洁							
作业通道							
用具归位							
货物状态							
库房温度							
相对湿度							
照明设备							
消防设备							
消防通道							
防盗							
托盘维护							
检查人							

注：1. 消防设备每月做一次全面检查。
2. 将破损的托盘每月集中维护处理。

二、对在库品进行稽核

对在库品的稽核主要分两层：仓管员的稽核与质检人员的稽核。

（一）仓管员的稽核

仓管员的稽核应体现在日常工作中，需要建立一个由主管牵头，全仓库人员积极参与的稽核模式。

仓管员稽核通常采用目视的方法，具体内容如图 4-42 所示。

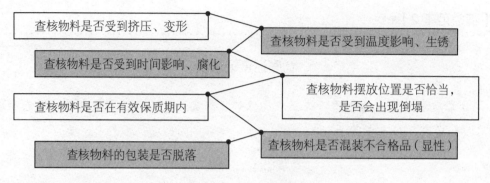

图 4-42　仓管员的稽核

（二）质检人员的稽核

质检人员对仓库在库品的稽核通常要运用工具，或者实验的方法，其主要内容如图4-43所示。

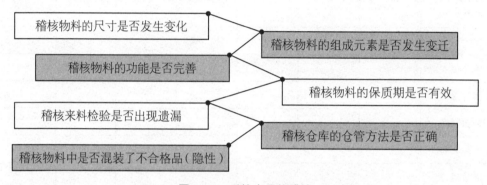

图 4-43　质检人员的稽核

三、物品定期检验

物品的定期检验是对于库存期限超过一定时间的物品按规定的频次进行的质量检验，是为了了解被储存的物品质量是否良好并进行相应的处理。

（一）定期检验的周期

定期检验的期限要根据物品的特性作出不同的规定，例如：

（1）油脂、液体类物品，定检期为6个月。

（2）易变质生锈的物品，定检期为4个月。

（3）危险性特殊类物品，定检期为3个月。

（4）有效期限短的物品，定检期为3个月。

（5）长期储备的物品，定检期为24个月。

（6）其他普通的物品，定检期为12个月。

（二）库存物品定期检验的方法

一般情况下，库存物品定期检验的方法与进料检验的方法相类似，由 IQC 按抽样的方法进行。库存物品定期检验的实施步骤如图 4-44 所示。

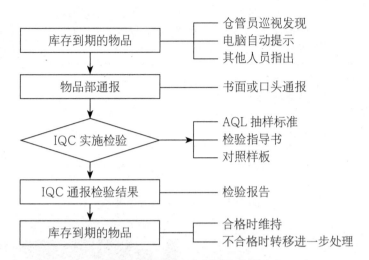

图 4-44　库存物品定期检验实施步骤

（三）库存物品定期检验结果的处理方法

对库存物品定期检验结果的处理应以质量检验报告为依据进行。合格时可以维持现状，不合格时则需要按图 4-45 所示步骤处理。

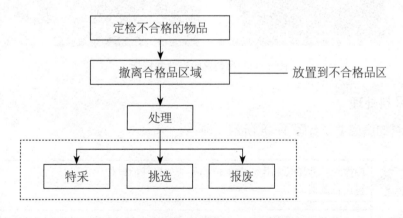

图 4-45　库存物品定期检验结果处理方法

四、呆料、废料及时处理

（一）呆料、废料的分类

呆料、废料的分类如图 4-46 所示，呆料、废料要分区存放、标示，如图 4-47 所示。

呆料 —— 呆料即物料存量过多，耗用量极少，而库存周转率极低的物料，这种物料可能偶尔耗用少许，很可能不知何时才能动用甚至根本不再有动用的可能

废料是指报废的物料，即经过相当使用，本身已残破不堪、磨损过甚或已超过其寿命年限，以致失去原有的功能而本身无利用价值的物料 —— 废料

旧料 —— 旧料是指物料经使用或储存过久，已失去原有性能或色泽，致使物料的价值减低

残料是指在加工过程当中，所产生的物料零头，虽已丧失其主要功能，但仍可设法利用 —— 残料

图 4-46 呆料、废料的分类

图 4-47 呆料区隔存放并标示

（二）呆料处理

处理呆料的途径主要有图 4-48 所示几种。

处理一	调拨给其他单位利用。本单位的呆料如果其他单位仍可设法利用，可将呆料进行调拨
处理二	修改再利用。既成呆料，利用机会就少，有时将呆料在规格上稍加修改，就能够得以利用
处理三	借新产品设计时推出，消化库存的呆料
处理四	打折出售给原来的供应商
处理五	与其他公司用以物易物的方式相互交换处理

处理六	破坏焚毁。对于无法出售、交换、调拨再利用的呆料，应以物品的类别分别考虑破毁、焚毁或掩埋

图 4-48 呆料的处理

（三）做好废料处理

1.废料的申报

对于储存的废料，仓管员首先要填写物料报废申请表，得到相关部门的批示报告后再进行进一步的处理。

【精益范本 3】▶▶

物料报废申请表

物料报废申请表见下表所示。

物料报废申请表

to：物控部
from：仓库

品名	规格	报废申请原因	IQC重检单号	拟处理方式	数量	单价	金额	如变卖预计回收金额	备注
合计									
总经理		厂长		生产部		仓库主管审核			
财务副总经理		技术/开发		质管部		制表人			

2.废料的预防

废料产生的三大原因，如图 4-49 所示。

损坏形成废料	● 因保管不当，导致物料发霉、腐蚀、生锈等，失去使用价值
边角料	● 在使用过程中产生了一些物料零头，这些物料零头已经丧失了其主要功能
旧料	● 物料储存过久，致使失去原有的性能或色泽，无法正常使用

图 4-49 废料产生的三大原因

根据废料产生的原因，应采取图 4-50 所示的预防方法。

1 加强对仓库中物品的养护工作，防止物品发生虫蛀、霉腐、锈蚀等现象

2 提高对物料的使用率，尽量少产生边角料

3 建立先进先出的物料收发制度，并及时处理呆滞料，从而避免堆积过久而成为陈腐报废的物料

图 4-50 废料的预防方法

3.废料的处理

在规模较小的企业，当废料积累到一定程度时应做出售处理。在规模较大的企业，可将废料集中（见图 4-51 和图 4-52）一处并从事物料解体的工作，将解体后的物料分类处理，具体如图 4-53 所示。

图 4-51 报废的原材料，集中收集整理等待处理

图 4-52 各种废料分类存放

处理一 废料解体后，其中有许多可移作他用的物料，如胶管、机械零件、电子零件等可以重新利用

处理二 废料解体后，其中仍有残料，如钢条、钢片等可做残料利用

处理三 废料解体后，所剩余的废料应小心分类，将钢料、铝、铅、铜、塑胶等适当分类。若可重新回炉，则送工厂再加工。分类后的废料按适当的价格向废品回收机构出售，废料分类可卖得较高的价钱

处理四 处理好后，同时做好档案资料，以备日后查询

图 4-53 废料的处理

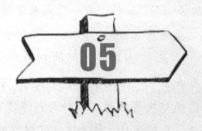

第五章
精益仓储之
出库管理

情景导入

杨老师："同学们好！大家知道我们这节课要讲什么吗？"

大家纷纷举手。

杨老师："看来大家都知道啊。那么谁来给大家说说我们要讲什么，这边第二排靠墙的同学来说说。"

小王："上节课讲了精益储存管理，那么这节课应该讲发料管理及成品出库管理了吧。"

杨老师："请坐。说得非常正确。虽说是供给自己公司生产用料，那也不是生产想要多少就给多少的，物料的发放同样是需要按计划的。那么大家来说说，你们公司是怎么发放物料的。"

小王："生产部的同事带着领料单来仓库领料。"

杨老师："那么大家有发错物料的情况吗？"

小王："有的。有一次我就发错了物料，幸好发现及时，否则就要造成损失了。"

杨老师："那能具体说说是什么情况吗？"

小王："当时是手写的领料单，其中订单编号中的末尾数字'7'写得不清楚，我看成了'1'，发了这个尾数为'1'的订单的料，这两个物料只是大小的区别，不注意很难发现问题，领料的同事没能及时发现。物料发走后录入电脑的同事发现了问题，及时核对，这才追回了错发的物料。"

杨老师："小王同学说的这个问题相信很多同学都遇到过。比如数字'1'和'7'、'2'和'3'都容易弄混，对不对？"

"对。"学员们非常赞同。

杨老师："所以大家工作时都应该更加细心。好了，这节课我们就结合精益思想讲讲物料的出库管理。"

第一节　物料出库控制

一、物料出库的原则

发料是物料移交的过程，这一过程主要应防止发料失误，以及物料移交过程中的划伤磕碰、液体溅出、危险品事故等。关于物料发放，需遵循一定的原则，以确保物料的控制。仓库发料的原则主要如图5-1所示。

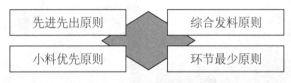

图5-1　仓库发料原则

（一）先进先出原则

先进先出原则是为了防止物料因存放时间过长而变质、损坏，以确保物料质量和利用率。

许多物料在常温下都有一定的保质期限，过了保质期会变质，甚至完全不能使用，如金属物料存放的时间太长会氧化，木材、人造板会因潮湿而损坏。

先进先出一般有几种做法，如图5-2所示。现场图如图5-3、图5-4所示。

1 双区法　同种物料分别存放于两个区，A区和B区，入库的物料先存放于A区，再进的放于B区。发料时，先发A区物料，发完后再发B区物料，依次反复循环。这样就确保了物料按入库顺序发放

2 移区法　移区法会比双区法节省仓储空间，它将某一种物料全部放到同一存储区内，摆放的顺序按照入库的顺序由一端向另一端推移，物料入库的先后就很清楚，发料时就可以先发早入库的。这种做法的不足是每次发料完毕，都要进行物料的移动，增加了工作量

3 编号法　编号法是将每一批入库的物料进行编号，编号按自然数顺次进行，不管物料摆放在哪里，每次都按最小数的序号进行发料，这样就可以保证先进先出。使用这种方法时，物料应分层放置或平放，不能使后入库的物料压在先进来的物料上

图5-2

 **重力法**　重力法比较适用于一些散装物料的发放，例如水泥、散装塑胶原料等，将物料从上部入库，从下部出库

图 5-2　先进先出的几种做法

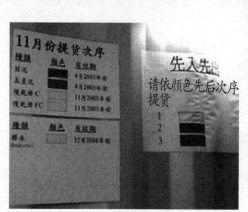

图 5-3　工厂先进先出的规划图

图 5-4　工厂先进先出的宣传牌

 讲师提醒　　先进先出是对同类、同规格物料而言，不同规格的物料不适用这一原则。比如木材，尽管是同种、同等级，但规格不同，先入库的是50毫米厚的，要发放的物料是40毫米厚的，如果按这一原则把先入库的50毫米厚木板发放出去，会在加工中造成很大的浪费。

（二）小料优先原则

产品生产时裁下的边角余料（在皮具业、家具业、制衣业很常见），有些还可以在其他产品的生产中使用。比如家具厂，生产大型衣柜时裁下来的边角余料，还可以在小型的妆凳上使用。仓库在发料时，应将可以使用的小料优先发放出去，然后再发大料。小料不宜长期储存，一方面占用空间；另一方面，一旦没有合适的订单又会造成物料的长期搁置甚至浪费。

（三）综合发料原则

综合发料便于用料部门进行物料的综合利用，提高物料的利用率。综合发料有图5-5

所示几种。

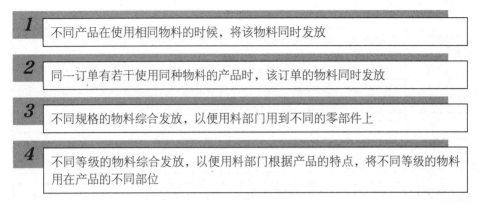

图 5-5　综合发料的几种情况

（四）环节最少原则

物料发放的环节越多，就越容易造成物料的损坏和缺失，因此，应将发放环节降到最少，如图 5-6 所示。

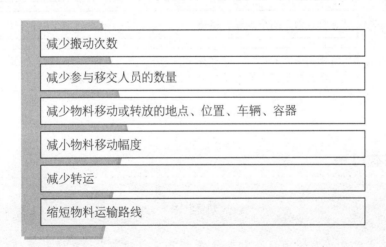

图 5-6　环节最少原则的内容

二、领料制与发料制

（一）领料制

领料是指由制造部门现场人员在某项产品制造之前填写"领料单"向仓库单位领取物料的作业。物料控制必须从领料开始抓起。企业应根据自己的生产情况确定领料方式，领料注意事项如图 5-7 所示。

事项一	确定各车间各部门领料专人。领料一般由各班组或车间的专门人员（即领料员）负责
事项二	规定合适的领料时间。领料员根据生产的实际进度，提前12小时或1～2天，将物料领回并分发到各道用料工序的员工手上
事项三	配置相应的领料工具。对于较大数量的领料，应配有杂工和必要的铲车、叉车、箱子等工具，以便于物料的运输而不致损坏
事项四	明确"领料单"的填写格式和方法。领料应逐个订单地进行，并按照订单的物料计划来填写"领料单"
事项五	明确物料领用的审批权限和办法。车间负责人在进行"领料单"审批时要认真负责，看看需要填写的项目是否全部都按要求填写
事项六	确定合适的物料日领用限额及批量限额。领料时间要把握好，过早领料造成车间"物料暂存区"的物料堆积，过迟领料又影响物料的使用
事项七	认真对物料进行检验，凡破损的物料一律拒收
事项八	要认真点数，防止少领、错领
事项九	已经领到车间的物料，要有专门的地方放置及专门人员保管，特别是贵重物品以及体积较小的物品，一旦保管不当就容易造成丢失

图5-7　领料注意事项

【精益范本1】▸▸▸

领料单

领料单上需要填写的项目全部都按要求填写，尤其是订单编号要填写清楚，领料单格式如下表所示。

领 料 单

＿＿年＿月＿日　　　　　　　　　　　　　　　　　　　　　No.

制单号	料号	品名	规格	数量	实发数量	备注
主管		发料人			领料人	

第一联：会计　　　第二联：仓库　　　第三联：生产部　　　第四联：领料部门

（二）发料制

发料是指仓库将各种生产所需的物料，按规定数量分配给各用料部门。发料是仓库的日常工作之一，也是进行物料控制的重要环节。

（1）确定哪些情况可发料，哪些应拒绝发料。拒绝发料的情况如图5-8所示。

不是规定的领料人领料

没有"生产计划单"的领料

生产还未进行的，过早的领料（囤料）

应该领用差一级质量的物料，却执意要领较好物料的

"领料单"填写不清、不全、不规范的

"领料单"没有按有关规定交主管领导审批的

超计划领料的

图 5-8　拒绝发料的情况

（2）建立专人发料制度。专人发料有两个含义：一个是发料要"账物分开"，管账的人不管物，管物的人不管账，以"堵塞漏洞"；另一个含义是不同的物料由不同的人去负责。

　　每个企业的物料很多，要每个人都去熟悉所有物料是难以做到的，也是没有必要的。对仓管人员进行合理分工，每个人负责几种或几类物料，有利于更好地进行物料监控。

（3）认真审查"发料单"。要认真审查"发料单"，不符合要求或不符合程序的不予发料。货仓管理员接收到"发料单"后，首先与BOM（bill of material，物料清单）核对，有误时应及时通知物控开单人员，直至确认无误后将"发料单"交给货仓物料员发料。

【精益范本2】▶▶

发 料 单

　　填写规范的"发料单"，不仅是发料的依据，而且是进行物料控制的依据，还是进行发料统计以及订单、产品的物料消耗统计的最原始凭证。规范填写的"发料单"要注明所有物料的用途、订单编号等，领料的数量是否在控制指标之内便一目了然，见下表。

发 料 单

制造单号：　　　　　　　　产品名称：　　　　　　　　编号：
生产批量：　　　　　　　　生产车间：　　　　　　　　日期：

物料编号	品名	规格	单位	单机用量	需求数量	标准损耗	实发数量	备注

生产领料员：　　　　　　　仓管员：　　　　　　　审核：

　　（4）要认真点数，防止错发多发。物料发放最好是两个人一组进行，这样可以互相监督，防止出现差错。

　　（5）要在"物料管制卡"上记录。物料员点装好物料后，及时在"物料管制卡"上做好相应记录，同时检查一次"物料管制卡"的记录正确与否，并在"物料管制卡"上签上自己的名字。

　　（6）做好物料交接。仓管员将物料送往生产备料区与领料员办理交接手续，无误后在"发料单"签上各自的名字，并取回相应联单。

　　（7）认真及时填写仓库账簿。仓管员按"发料单"的实际发出数量及时记入仓库账簿。仓库账簿是进行物料存储控制的基本依据，不能有任何的差错，在发料之后要认真登记，物品标签上也同样要进行登记。

　　（8）做好表单的保存与分发。仓管员将当天有关的单据分类整理好存档或集中分送到相关部门。

三、备料的控制

（一）库存仓储的目的

库存仓储的最主要目的，是供应生产所需，不论 MRP 如何会规划，库存策略如何高明，只要供料不及时而使生产现场停工待料，导致损失工时影响生产，都是未能尽责的表现。

当然，有些停工待料的情况，并不是仓储管理人员工作不当所致。例如紧急插单，根本就来不及购料；或者排程提前，以致供应厂商来不及送料；当然也可能是采购（外协加工）责任人员的疏忽，管理不良，以致到进料的日期物料仍然未送来。

讲师提醒

作为仓库，应以现有库存作基础，核查投产的可行性，找出可能的异常情况，及早警示及筹谋对策措施。要好好服务生产现场，使生产准备更为顺利有效率，同时，要趁此时机控制用料成本，替企业做最后的把关。

（二）备料管理的目标

仓库为什么要做好备料管理呢？主要有四个目的，如图 5-9 所示。

目的一 ▷ **复核近期排程所需用料，确定排程可行度，或提示警告信息**

生产现场最怕乱，因此，事先必须要有排程计划去规范。排程又分为大排程与细排程。前者是 MRP 计划展开的基准，后者则为投产的依据

目的二 ▷ **制造命令单发布的附带保证**

一般工厂运用"制造命令单"对各大制程下达作业指令，"制造命令单"大多在投产前几日（或一日）才正式发布给现场，一旦发布，就不会撤回，因为这是正式指令。如果"制造命令单"经常发布又经常撤回，则很容易造成生产现场混乱

目的三 ▷ **事先备料的基础**

生产前的准备必须尽可能周全，使投产更为顺利，借以减少工时损失，提升整体生产力。投产的准备，包括作业标准（包括蓝图）、模具、夹具（日文称为治具），必要时还包括机台制程能力的复查，制程中与质管有关的检验标准与自主检查用的量具，当然，也包括所需要的物料

图 5-9

目的四 ▷ 严密及时地控制用料成本

根据用料定额去备料、去发料,不会迁就生产现场的"方便"而变成"随便"。如果生产现场因为各种原因而不得不补领料,则需另行制定补领料的程序,借以明确责任,区分原因

图 5-9 备料管理的目的

（三）备料管理的程序

以上目标指向,可以设定如图 5-10 的作业程序。

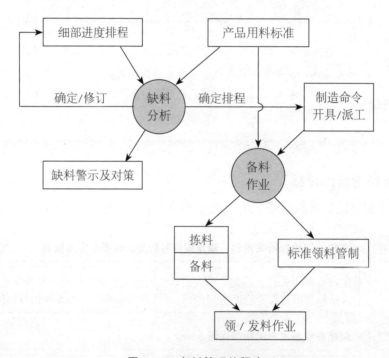

图 5-10 备料管理的程序

1.缺料分析

在工厂里,生产部会制订最近的细部生产计划,也就是"生产进度预定表",针对一个生产组织或生产线（当然仅指一个大制程）,确定次周或第三周（当然也可能是次日）的作业指令,要求现场按指令执行,以达到主生产计划的目的。

生产部一旦制定出这个细排程,就要求依照产品的用料标准（BOM）清单去复算该大制程所需的各批物料总用量,再复核仓库中的现有库存量。如果没有缺料,就确立"生产进度预定表";如果有缺料情形,就立即发出警示信息,并寻找对策措施。

2.备料作业

一般的作业程序,是在"生产进度预定表"确立之后,就要由生产部开具"制造

命令单"，确定某生产批所属的产品（或产品下属展开的零件）的生产批量，必要时包括投产时间指令，交代现场主管挂在派工板上，作派工的依据。

【精益范本 3】 ▸▸

备料指令单

生产部还要同时依用料标准开立备料指令，要求仓储人员事先拣料，依"制造命令单"确定用料项目与数量，准备好放置在备料区内，待现场人员来领用，见下表所示。

备料指令单

编号：

制程部门： 生产批号： 产品（零件）号：		大制程代号： 制造命令单号码： 单位：		指令日期： 应投产日期： 排程量：		
用料料别	料号	品名	规格	单位	单位用量	应备料量	备注
核准					生产部		

3. 标准领料管制

标准领料即依据用料标准（BOM）去备料、去发料，而不是没有限制地由生产现场来领料。

领料作业一定要有"领料单"作为正式凭证。为了标准化管理，而且达到成本控制的功能，一定要由生产部门作为主控单位，依生产批的"制造命令单"去开立"领料单"，又称为"定额领料单"，以区别于此后因制程问题或其他问题而产生的超损耗等性质的"补领料单"。一旦开立"定额领料单"，立即改变了"制造命令单"的管制状态。

这个"定额领料单"，交给生产现场主管，由他们持单向仓库领料。当然，如果是采取发料制的工厂，则是仓库连同表单与料品送交现场，给现场人员签收。

（四）备料指令与备料作业

备料工作是仓储人员"天经地义"的职责，无论是发料制还是领料制，仓库都要事先备妥各生产批现场需投产的用料（见图5-11和图5-12），迅速交予现场制程，以提升其生产力。

图5-11　各类要发的物料都在备料区准备好　　图5-12　依据要求将应物料准备好，并清点装箱

（五）备料时机

最适宜的备料时机如图5-13所示。

细排程确立时

依派工板的备料指令

缺料分析一旦完成，除了"有问题"需再调整的生产批（制造命令单）之外，应属"排程确立"，经过现场主管签署，立即交付派工。派工制造命令单一旦发布，现场（技术人员）则开始整顿工具、夹具、模具等工作，而仓库人员则备妥物料

较具规模的工厂，其派工作业更为系统化，使用派工板方式进行各项"准备作业指令"，仓库接到派工指令，则应开始准备物料

图5-13　备料时机

（六）备料作业要求

拣料作业，与生产现场的制程质量关系很密切，因此，也要具备品质意识，区分不良料，不可使之流入现场。即使不得已用到不良料或特准品，也要附上标签等标志，提醒现场用料时注意。

拣料后就是直接供应生产所需，因此一定要具备生产管理意识，依生产批及"制造命令单"有系统地存放，必要时以批次仓储放置，使发料时迅速有效率，而且不会混乱。

要具备成本意识，以先进先出观念，先拣取可能会"变质"的物料，以便及早用完，或先取用早入库的物料，及早使用，以免变质。

四、发放过程中搬运的控制

（一）物料搬运的方法

搬运的方法大致可分为三种，如图5-14所示。

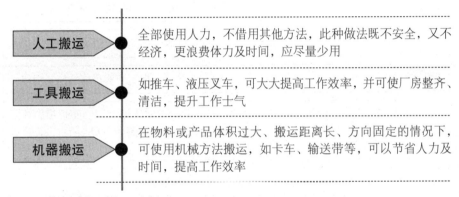

人工搬运	全部使用人力，不借用其他方法，此种做法既不安全，又不经济，更浪费体力及时间，应尽量少用
工具搬运	如推车、液压叉车，可大大提高工作效率，并可使厂房整齐、清洁，提升工作士气
机器搬运	在物料或产品体积过大、搬运距离长、方向固定的情况下，可使用机械方法搬运，如卡车、输送带等，可以节省人力及时间，提高工作效率

图5-14　搬运的方法

（二）搬运应注意的事项

搬运应注意的事项主要有图5-15所示几项。

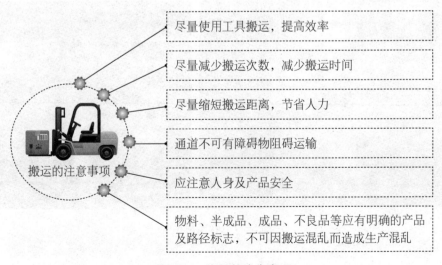

搬运的注意事项

- 尽量使用工具搬运，提高效率
- 尽量减少搬运次数，减少搬运时间
- 尽量缩短搬运距离，节省人力
- 通道不可有障碍物阻碍运输
- 应注意人身及产品安全
- 物料、半成品、成品、不良品等应有明确的产品及路径标志，不可因搬运混乱而造成生产混乱

图5-15　搬运的注意事项

（三）搬运控制的内容

在生产过程的各个阶段搬运物料时，应采取防止损坏物料或使物料变质的搬运方法和手段。对搬运的控制可通过编制搬运作业指导书加以有效控制和监督，搬运控制应确保图5-16所示内容。

内容一	在工序间运送或搬运中，对易磕碰的关键部位提供适当的保护（如保护套、防护罩等）
内容二	使用与物料特点相适应的容器和运输工具（如托盘、货架、板条箱、集装箱、叉车、载重汽车等），加强对容器和运输工具的维护保养，见图5-17和图5-18
内容三	对精密、特殊的物料还要防止震动和受到温度、湿度等环境的影响
内容四	物料搬运过程中需通过有环境污染的地区时，搬运时应进行适当的防护
内容五	对易燃、易爆等或对人身安全有影响的产品，搬运应有严格的控制程序
内容六	对有防震、防压等特殊要求的物料，搬运中要采取专门的防护措施和附上醒目的识别标记，并注意保护有关的标志（见图5-19），防止丢掉或被擦掉
内容七	保证正确无误地送到指定的加工、检验点或仓库
内容八	对搬运人员要培训，使其掌握必需的作业规程和要求

图5-16　搬运控制的内容

图5-17　仓库搬运

图 5-18 用塑料箱装好，底下放好栈板，便于使用叉车搬运或人工搬运与叉车搬运结合

图 5-19 搬运中要注意包装标志，做到正确运输

五、外协加工物料发放的控制

外协加工与采购作业最大的不同点，就是企业要供料给外协加工厂。这就涉及用料管理的问题，尤其当己方以原料形态交给对方，经过对方的加工，已变成半成品（也可能变成直接投入生产现场的在制品）的形态，这又涉及双方的权利与义务即责任关系，比单纯的采购作业复杂得多了。

（一）定额发料管制

外协加工的发料作业，基本上与内部生产制造部门的领发料是完全一样的，主要是由生产部门提出，依照"制造命令单"上的生产批量、产品与制程，找到产品用料清单，计算其标准需用料量，依此资料正式开立"外协加工定额领料单"。

【精益范本4】▸▸

外协加工定额领料单

外协加工定额领料单是外协加工的重要凭证，其内容如下表所示。

外协加工定额领料单

编号：

厂商代号：		厂商全名：							
发料日期：		外协加工订单号：							
生产批号：		（半成品／零件）料号：							
外协加工批量：									
序号	料别	料号	品名	规格	单位	标准用量	应用总量	实领料量	备注
说明：									
厂商 签收		核准		仓库	主管 发料		生产部门		主管 填表

有定额用料量，就可能会有超耗领用量。为严格控制发料，在这种情况下，应该由外协加工厂商通过生产部以人工作业方式开立"外协加工补料单"，再向仓库要求发料，而且其核准权限也要提高层次。

（二）外协加工发料的时机

外协加工发料最好是在开立正式的"外协加工定制单"时，就计算其用料需求量，即时开立"外协加工定额领料单"，与备料料品（实物）一并交予外协加工厂商。最理想的状况是，由外协加工厂到我方仓库，双方同时清点所备料品。

六、物料发放常见问题处理

仓库发放物料经常发生六大问题，其处理办法如图5-20所示。

① 无单领料	无单领料是指没有正式领料凭证而要求领料，如以"白条"和电话领料，遇到这种情况，仓管员不能发料
② 凭证有误	发料前验单时，若发现领料凭证有问题，如抬头、印鉴不符，有涂改痕迹，超过了领料有效期，应立即与需用部门联系，并向上级主管反映。备料后复核时发现凭证有问题，仓管员应立即停止发料作业。总之，手续不符，仓管员有权拒绝发料
③ 单料不符	发料之前验单时，若发现提料凭证所列物品与仓库储存的物品不符，一般应将凭证退回开单部门，经更正确认后，再行发料。遇到特殊情况，如某种物品马上要断料，需用部门要求先行发货，然后再更改提料凭证时，经上级主管批准后，可以发料，但应将联系情况详细记录，并在事后及时补办更正手续。若备料后复核时发现所备物品与提单凭证所列不符，应立即调换
④ 包装损坏	对物品外包装有破损、脱钉、松绳的，应整修加固，以保证搬运途中的安全。发现包装内的物品有霉烂、变质等质量问题或数量短缺时，不得以次充好，以盈余补短缺
⑤ 料未发完	物品发放，原则上是按提料单当天一次发完，如确有困难，不能当日提取完毕，应办理分批提取手续
⑥ 料已错发	如果发现料已错发，首先应将情况尽快通知需用部门，同时报告上级主管，然后了解物品已发到什么环节或地方，能及时追回的应及时追回；无法追回的，应在需用部门的帮助下，采取措施，尽量挽回损失，然后查明原因，防止日后再出现类似情况

图5-20　物料发放常见问题处理

【精益范本5】▶▶

物品收发日报表

物品发放完毕后，仓管员要根据领料单调整库存账目，使账、物、卡重新达到平衡的状态，并编制"物品收发日报表"（如下表所示），以便为日后的统计工作打下基础。

物品收发日报表

仓库名称：　　　　　　　　　　　　　　　　　　统计日期：

品名	前日进货累计	本日进货	进货累计	未进货量	前日出货累计	本日出货	出货累计	库存	退货		备注
									本日	累计	

审核：　　　　　　　　　　　　　　　　　　填表：

第二节　成品出库

一、成品出库的工作要求

从成品库发给客户的产品必须是经过 OQC（outgoing quality control，意为出货品质稽核、出货品质检验或出货品质管制）检验合格的库存良品，发出时要做好如图5-21 所示几个事项。

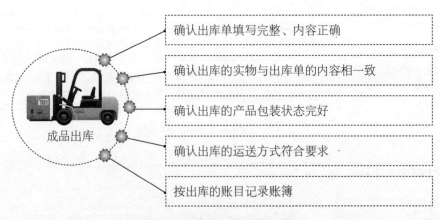

成品出库

- 确认出库单填写完整、内容正确
- 确认出库的实物与出库单的内容相一致
- 确认出库的产品包装状态完好
- 确认出库的运送方式符合要求
- 按出库的账目记录账簿

图 5-21　成品出库的工作要求

二、成品出库形式

成品出库主要有三种形式，如图 5-22 所示。

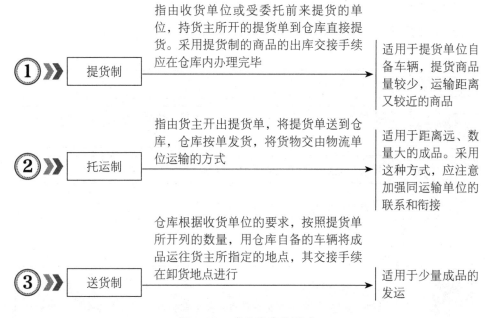

图5-22　成品出库的形式

三、成品出库工作流程

成品出库工作流程如下。

（一）接单后的准备

在通常情况下，仓库调度员在成品出库的前一天，接到从外运公司或从其他方面送来的提货单后，应按去向、运输方式等，分理和复审提货单，及时正确地编制好有关班组的出库任务单、配车吨位单、机械设备单以及提货单等，分别送给仓管员、收发员或理货员等，以便做好出仓准备工作。

当仓管员从调度员手中接到出库通知后，应做好以下工作，如图5-23所示。

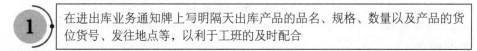

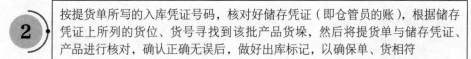

图5-23　接单后的准备工作

（二）初核

审核成品出库凭证，主要审核几项内容，如图5-24所示。

内容一	正式出库凭证填写的项目是否齐全，有无印鉴
内容二	所列提货单位名称、产品名称、规格、重量、数量、唛头、合约符号等是否正确
内容三	单上填写字迹是否清楚，有无涂改痕迹
内容四	单据是否超过了规定的提货有效日期

图5-24 初核的内容

讲师提醒

如发现问题，应立即联系或退还业务部门更正，不允许含糊不清地先行发货。

（三）配货

仓管员按出库凭证所列的项目内容，核实并进行配货。配货应注意两个要点，如图5-25所示。

属于自提出库的产成品	属于送货的产成品
不论整零，仓管员都要将货配齐，经过复核后，再逐项点付给提货人，当面交接，划清责任	应按分工规定，由保管人员在包装上刷写或粘贴必要的各种发运标志，然后集中到理货场所待运

图5-25 配货的要点

（四）理货

仓管员理货时应注意三点内容，如图5-26所示。

注意一	送货的产成品，不论整件或拼箱的，均须进行理货，集中待运
注意二	待运产成品，一般可分公路、航空、铁路等不同的运输方式、路线和收货点。要进行分单（票）集中，便于发货

| 注意三 | 待运商品要按配车的要求，清理分堆，以利装运。要按运输工具预约的到库时间，按先后顺序理货，随到随装，不误时间 |

图5-26 理货注意内容

（五）发货

运输部门人员持提货单到仓库时，仓管员或收发理货员应逐单一一核对，并点货交给运输人员，以分清责任。仓管员发货时应注意以下要点，如图5-27所示。

要点一	当运输车辆到仓库提货时，仓库车辆调度应指明装货的库号和配车情况
要点二	当运输车辆到仓库装货时，仓库仓管员或收发理货员应指明装车产品，并在现场监督装车，同时再一次对货单进行核对。对于边发货边装车的产品，还应及时查核余数
要点三	装车时，应指导装车工人轻拿轻放，并按一定顺序装载。完毕后，将发出的产品和有关单据同运输人员办理交接手续，分清责任
要点四	仓管员在产品装车完毕后，应开具随车清单，由运输人员凭随车清单到调度室去调换门票，门卫凭门票放行。放行时，门卫应核对车号、品名、数量，正确无误后方可放行，对于小型仓库，也可由仓管员直接开门票放行
要点五	发货结束，应在随车清单上加盖"发讫"印记，并留据存查

图5-27 发货要点

（六）复核

仓管员发货后，应及时核对产品储存数，同时检查产品的数量、规格等是否与批注的账面结存数相符。随后核对产品的货位量、货卡，如有问题，及时纠正。

（七）销账销卡

产品出库工作结束后，仓管员应销账销卡，清点余数。在产品出库工作中必须防止包装破损和受到污染的产品出库。

四、出货记录与报告

（一）出货记录

出货记录是出货责任人完成出货任务的证据。根据出货指令文件仓库已经出了货，但是把货出给谁了、依据在哪里、具体的情况到底怎么样、这就要求有记录。

（1）确认运单。仓管员在记录之前首先要确认运单，确认内容如图5-28所示。

153

图5-28 确认运单内容

（2）确认装箱数量和包装状态。仓管员要确认装箱的数量和包装状态，主要如图5-29所示。

图5-29 确认装箱数量和包装状态

（3）确认装箱后锁闭状态。仓管员确认装箱后锁闭状态包括两个方面，如图5-30所示。

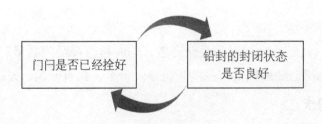

图5-30 确认装箱后锁闭状态

（4）其他需要确认的内容。仓管员还要确认图5-31所示的两点内容。

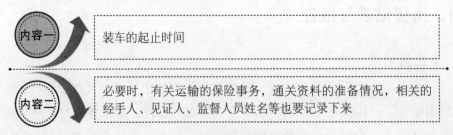

图5-31 其他需要确认的内容

（5）签字、确认。必须要让拉货的司机或运方负责人在该记录上签字、承认。

【精益范本6】 ▶▶▶

出货记录表

出货记录的详细格式应制成表单共同使用，其格式如下表所示。

出货记录表

日期：

车牌号：					转运国家/地区：					
货柜号/材积：					转运城市/港口：					
运输公司：					目的国家/地区：					
运单号：		司机姓名：			目的地城市名：					
序号	品名	型号	数量	单位	订单号	包装状态	箱数	货盘数	流水号	备注
进入时间：			开始时间：				完成时间：			
特别事项说明：										

经手人：　　　　　批准人：　　　　　司机：

（二）出货报告

1.出货报告的内容

出货报告的内容应清楚地反映本次出货的详细情况，如出货产品类别、名称、规格、型号，出货产品的批号、批量和数量，完成出货日期，出货地点，承接运输的单位和运输方式，产品出货的目的地。

出货报告是文件，可以用表单的形式呈现，数量至少一式四份。

2.出货报告的格式

出货报告一般是在公司内部使用的，要使用公司规定的格式，但有些个别的OEM

（是英文 original equipment manufacture 的首字母缩写，直译过来的意思原始设备制造商，俗称"贴牌"或"代工"）顾客会要求使用他们的格式，从满足顾客要求的角度出发，也可以这样做。

【精益范本 7】▶▶

出货报告

以下提供一个格式供参考，如下表所示。

出货报告

日期：　　　　　　　　　　　　　　　　编号：

序号	品名	型号	批号	订单号	出货数量	箱数	箱号	目的地	集装箱号	承运公司	备注

特别事项说明：

出货地点		完成时间	
生产部确认		OQC确认	

备考：

制表：	审核：	批准：

分发：□市场部　　□财务部　　□生产部　　□其他部门

签收：

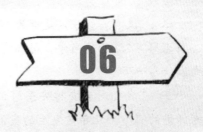

第六章
精益仓储之
安全管理

情景导入

　　杨老师："大家好！在今天的课程开始前，我想问个问题，大家觉得公司的仓库存在安全隐患吗？"

　　小李："我觉得我厂的仓库很安全，没什么隐患，没出过问题。"

　　杨老师："那你公司有做过仓库安全培训吗？"

　　小李："这个倒是没有，只是新人来了之后老员工会给讲一下注意事项，该注意的我们都会注意，不会出事的。"

　　杨老师："其他同学有什么看法吗？"

　　小张："我工厂用料一般是一些化学品，相对比较危险，在仓库保管过程中也是需要多注意的。几年前就出现过腐蚀性的化学品泄漏的情况，幸好一位老员工及时发现，避免了人员伤亡。"

　　杨老师："那还真是惊险，那之后有做过安全培训吗？"

　　小张："没有。领导只是口头批评了大家的不小心。"

　　杨老师："这两位同学公司都没有安全培训。哪位同学公司组织过安全培训呢？给大家分享一下。"

　　小王："我公司会安排安全培训。我刚到公司时就参加过安全培训。那时候培训老师讲的一个十几年前发生的案例我记忆特别深刻，我工厂所用材料都是易燃物，平时也会注意防火，场区都是禁烟的，当时有一位同事当成了耳旁风，在仓库里吸烟，引燃了仓库的材料，火势迅速蔓延。当时虽然扑救及时，但是依然烧毁了整个仓库，造成了很大损失。从那以后，公司就特别注重安全问题。"

　　杨老师："感谢小王同学的分享。我们常说防患于未然，小李同学的公司仓库没出过事故，我们不能肯定没有隐患，小张同学公司仓库出过小事故，但是没有重视，这些做法都是不可取的，这节课就给大家讲讲仓库安全管理的内容。"

第一节　仓储安全管理基础

没有安全的储存环境，仓储工作将很难开展。因此，仓库各级人员应全面加强仓储安全管理，避免出现安全事故。

一、仓库意外事故原因

仓库一旦发生意外，关系到人员的安全及财物的损失，因此，仓库安全的预防及维护，应特别予以重视。仓库意外事故发生的原因主要有几点内容，如图6-1所示。

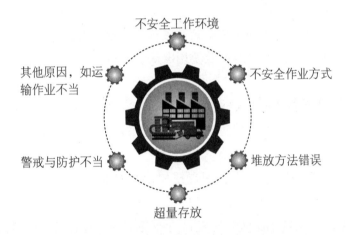

不安全工作环境

其他原因，如运输作业不当

不安全作业方式

警戒与防护不当

堆放方法错误

超量存放

图 6-1　仓库意外事故发生的原因

二、明确仓库安全责任

（一）仓库安全责任

（1）仓库安全管理必须贯彻"预防为主"，实行"谁主管谁负责"的原则。

（2）仓库保管员应当熟悉储存物品的分类、性质、保管业务知识和防火安全制度，掌握消防器材的操作使用和维修保养方法，做好本职工作。

（3）仓库物品应当分类，严格按照"五距"（顶距、灯距、墙距、柱距、垛距）的要求堆放，不得混存，严禁在消防通道堆放货物，严禁堵塞消防门及消防器材。库房五距如图6-2所示。

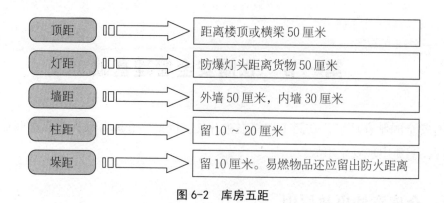

顶距 ⫸ 距离楼顶或横梁 50 厘米

灯距 ⫸ 防爆灯头距离货物 50 厘米

墙距 ⫸ 外墙 50 厘米，内墙 30 厘米

柱距 ⫸ 留 10～20 厘米

垛距 ⫸ 留 10 厘米。易燃物品还应留出防火距离

图 6-2　库房五距

（4）仓库的电气装置必须符合国家现行的有关电气设计和施工安装验收标准规范的规定。

（5）库房内不准设置移动式照明灯具。照明灯具、电器设备的周围和主线槽下方严禁堆放物品，其垂直下方与储存物品水平间距离不得小于 0.5 米。

（6）每个库房应当在库房外单独安装开关箱，保管人员离库时必须拉闸断电。禁止使用不合规格的保险装置。库房内不准使用电炉、电烙铁、电熨斗等电热器具和电视机等家用电器。

（7）仓库应当设置明显的防火标志，库房内严禁使用明火。

（8）仓库应当按照国家有关消防法规规定，配备足够的消防器材，并确保消防器材有效。

（9）落实仓库温度、电源安全管理责任和 24 小时值班巡逻等制度，落实逐级防火责任制和岗位防火责任制；组织开展防火检查，消除火灾隐患。

（10）组建专职、义务消防队，定期进行业务培训，制定灭火应急方案，开展自防自救工作。

（11）库存物品应当分类、分垛储存，每垛占地面积不宜大于 100 平方米，垛与垛间距不小于 1 米，垛与墙间距不小于 0.5 米，垛与梁、柱间距不小于 0.3 米，主要通道的宽度不小于 2 米。

（12）装卸作业结束后，应当对库区、库房进行检查，确认安全后，方可离人。

（13）库区范围动用明火作业时，必须办理动火证，经公司安全与保障部批准，并采取严格的安全措施方可作业。动火证应当注明动火地点、时间、动火人、现场监护人、批准人和防火措施等内容。

（14）仓库的消防设施、器材，应当由专人管理，负责检查、维修、保养、更换和添置，保证完好有效，严禁私自挪用。

（二）仓储部门经理安全责任

（1）仓储部门经理是仓库安全第一责任人，对经营管理的仓库安全生产负责，重点加强仓库消防安全、货物安全、货物装卸安全管理，防止安全责任事故发生。

（2）认真学习和贯彻执行国家《中华人民共和国安全生产法》《中华人民共和国消防法》等法律、法规，严格遵守公司的安全管理制度、操作规范。

（3）负责制定本部门安全生产工作计划，组织完成公司下达的安全目标。

（4）认真落实仓库的安全管理制度，做好仓库消防安全、防汛、防盗等工作，严禁在仓库储存限类货物。

（5）做好员工安全培训，每月召开一次安全例会，积极开展安全生产活动，加强安全生产教育与宣传，强化员工安全意识。

（6）每月进行一次安全隐患排查治理，检查重点包括：仓库结构安全及卫生状况、库区消防安全、库区安全用电情况、叉车安全技术、现场作业规范等，发现隐患及时落实整改。

（7）认真落实责任区的安全器材配备及检查，确保消防系统正常运作。严禁烟火，安全用电，禁止堵塞消防通道。

（8）落实公司叉车使用、管理制度，认真做好叉车等装卸设备的日常保养维护工作，确保车容车貌、安全技术良好。

（9）制定并落实叉车装卸和货物搬运操作流程，确保特种设备操作人员持证上岗，确保装卸作业安全。

（10）要求员工严格遵守电梯安全操作规定，实行电梯安全使用监督制度，避免电梯超载、撞击。

（11）落实进出仓库车辆的捆绑、苫盖和其他安全规范监督。

（三）仓库管理员安全责任

（1）严格遵守国家安全生产法规和公司安全管理规章制度，保障自己及他人生命及财产安全。

（2）仓管员是所在库区的防火责任人，消防管理及消防防范工作是日常工作的重中之重，禁止在库区存放易燃易爆等危险品，做好库区周围的禁烟和防火管理，负责每月定期对消防栓，灭火器等消防设施进行维护检查，并认真填写消防器材检查卡。

（3）库区范围严禁明火作业，如特殊情况需明火作业，必须办理动火申请，经公司安全与保障部批准，并采取有效安全措施方可作业。

（4）必须按"五距"要求安全堆放货物，按规定留出安全通道，严禁在消防设施附近堆放货物，对超限货物设置围栏，并做好安全标志。

（5）按规定做好安全隐患巡查工作，积极采取有效措施排除一切安全隐患，及时报告隐患，并认真填写安全检查记录。

（6）确保安全用电，离开仓库时必须关闭库区内照明设施，库区内严禁使用生活电器设备。杜绝在仓库私自乱拉电线和安装照明设备，对于外来客户因工作需要临时拉线用电时，需报公司安全与保障部批准，并确保用电安全的情况下方可使用。

（7）认真落实现场安全操作流程，做好现场安全生产监督，及时制止并报告违章作业行为。

（8）不得随意带人进入仓库，对需进入仓库办理业务的外来人员要实行登记制度，并要求来访人员不得动用明火、不得随意走动、不得攀爬登高。

（9）如公司范围发生火灾或受台风暴雨袭击，应按照公司应急预案要求和统一部署，采取防范措施，积极参加抗灾抢险，确保人员、财产安全。

（10）发生安全生产事故要及时报告，并保护事故现场，积极配合相关调查处理工作。

三、建立仓库安全规章制度

为了贯彻执行"安全第一，预防为主，综合治理"的方针，落实安全生产责任。根据《安全生产法》《安全生产管理条例》及公司有关加强安全生产工作，落实安全生产责任制精神，企业应制定仓库安全规章制度，如仓库安全管理制度、库区夜间值班、巡逻制度等，并严格执行。

四、安全管理台账和记录

物资仓库应根据实际情况建立以下安全管理台账和记录：

（1）灭火器材管理台账。

（2）特种设备管理台账。

（3）特种作业人员管理台账。

（4）事故、事件、不符合管理台账。

（5）危险物品管理台账。

（6）安全教育培训记录。

（7）仓库安全交接班记录。

（8）安全检查记录。

（9）应急救援预案培训演练记录。

五、定期进行安全检查

企业仓库建立相应的定期安全检查制度。

（一）仓库安全检查的主要内容

仓库安全检查的主要内容是：查思想、查隐患、查管理，如图6-3所示。

1 查思想　首先主要是查仓库班组领导对安全作业的观念是否已建立并增强，全体职工安全第一的思想是否牢固；其次，是查领导对职工、设备、库存货物的安全是否关心，对安全生产的方针、政策、法规的贯彻是否坚决，对安全教育制度是否坚决执行，最后，是查领导是否已把安全生产放到议事日程上来抓了

2 查隐患　主要是深入仓库生产作业现场，检查生产工人操作的劳动条件是否符合作业规定，操作程序是否符合安全操作规程，各种机械设备和电气设备是否符合安全标准，货物堆码是否稳固，有无倒塌，是否符合作业要求；储油库，化工储罐、剧毒品、放射性货物、易燃易爆的货物是否已严格管理等

3 查管理　主要检查仓库作业各岗位的安全操作制度和规程是否已建立健全，贯彻落实的情况如何；劳动防护用品是否按规定发放、使用；各级安全生产责任制贯彻落实的情况如何；对仓库事故、伤亡报告、统计和处理是否按法规认真执行

图 6-3　仓库安全检查的主要内容

（二）仓库安全检查的形式

仓库安全检查的形式主要有以下几种。

 定期全面的安全检查　一般在重大的节假日前，仓库领导均要组织有关人员进行一次全面的安全检查，如"五一劳动节""国庆节""春节""元旦"等

 经常性安全检查　主要包括日查，周查、月查、季查等。一般均由各部门、各库房、班组、保管员、生产工人进行的日常规范性的例行安全检查

 专业性安全检查　这种检查以专业部门为主，组织有专业知识的有关人员进行专门检查。检查的重点是电气设备、机械设施、易燃易爆货物储存的作业环境，有毒、有放射性货物的安全作业等

 季节性安全检查　主要是根据各种季节特点进行的，如盛夏的防暑降温、梅雨季节的用电安全、严冬的防寒保暖、台风季节的防台防汛等。这种检查的特点是时间性强、需采取有针对性的措施，以便及时预防和控制事故的发生

图 6-4

临时性安全检查　➡　这种检查是在将要发生某种自然灾害之前，如洪水、雷电、冰雹、暴雨、强风、地震等，或自然灾害袭击之后，由上级领导部门或仓库领导组织的临时性的安全检查

图 6-4　仓库安全检查的形式

第二节　仓库安全作业管理

仓库安全作业管理是指在物品进出仓库装卸、搬运、储存、保管过程中，为了防止和消除伤亡事故，保障员工安全和减轻繁重的体力劳动而采取的措施，它直接关系到员工的人身安全和生产安全，也关系到仓库的劳动生产率能否提高等重要问题。

一、强化仓管人员安全意识

为使仓库能安全地进行作业，树立安全作业意识是非常重要的。为此，企业应定期对仓管员进行安全作业方面的培训，使仓管员从思想上重视安全作业、同时，通过提高仓储设备的技术水平，减少人工直接装卸、搬运，更多地采用机械设备和自动控制装置，是提高作业安全的最有效的方法。例如，现代自动化立体仓库的使用，使作业的安全性大大提高。

把职工安全教育培训作为强化安全管理的中心工作之一，培训形式不拘一格，如安全月活动、班前班后会、安全例会、安全板报、安全宣传标语（见图6-5）等向职工传播安全的重要性。通过安全教育培训，不断地提高职工的生产安全意识，将"安全第一"的思想深深地扎根到每位职工的脑海之中，在工作中养成时时注意安全、处处防范危险的好习惯。在培训过程中还应根据企业实际，考虑到大多数职工（特别是应考虑到部分高年龄、低文化层次职工）的实际接受能力和理解情况，不厌其烦地反复宣讲，宣讲时采用现场虚拟演示、图片展示等多种形式，激活大家的学习兴趣，逐步深入，使人人掌握、个个理解。新职工上岗前培训是保证职工能适应新工作要求的关键环节，也是防止安全事故发生的重要保证。新职工上岗前集中开展安全理论和安全基本技能培训，提高新职工业务能力和安全知识、技能，防止因无知而发生的安全事故。"传帮带"是我们提高新职工安全素养与技能水平的良好传统，企业应充分发挥班组长和技术骨干的作用，树立职工学习的标杆，加快提高职工整体安全技能水平。同时企业应将职工的人身安全与企业的自身利益联系起来进行宣传督导，将职工的个人人身安全与企业的长远效益联系起来，大力宣传"安全是企业最大的效益，人才是企业最大的财富"，不但增强了职工自身的集体荣誉感而且达到了安全教育的目的，使职工意识到保证自身的人身安全也是对企业的一份贡献。

图 6-5 "安全第一"的宣传标语

二、提高仓管人员操作技能

作业技术水平的提高，可以有效降低事故的发生。因此，仓管员要接受企业提供的岗位培训和定期技能考核，这样既能提高企业的生产效率，又能提高自身劳动的安全性。

三、仓管人员认真执行安全规程

仓库作业的安全操作规程，是经过实践检验了的能有效减少事故发生的规范化的作业操作方法，因此，仓管员应严格执行操作规程，并对不按照安全操作规程操作的行为进行严肃处理。

【精益范本1】▶▶▶

仓管员安全操作规程

1.目的
制定本规程是为了规范仓库保管员的操作，以免发生人身伤害事故。

2.适用范围
适用于有仓库保管员岗位的操作仓间或作业场所。

3. 操作规程

3.1 一般仓库员工安全管理规程

3.1.1 大小物体分类摆放，平稳整齐、高度适当；精密仪器单独妥善保管。

3.1.2 仓库内道路畅通无阻，无污物；搬运物件拿牢放稳，相互配合；严禁烟火。

3.1.3 货架物件与屋顶墙壁灯和屋柱货垛之间距离不得少于50厘米，堆放不准超高，通风良好。

3.1.4 采用机械搬运应遵守机械搬运操作规程。

3.2 油料保管安全管理规程

3.2.1 严禁烟火，无关人员禁止入内，进入时禁止带入任何打火器具。

3.2.2 仓库围墙30米内禁止烟火，库内消防器具摆放位置明确。工作人员必须熟悉灭火知识，库内必须通风良好。

3.2.3 库内一切电器、照明应按规范采用防爆型，夜间值班备有手电筒。

3.2.4 启闭罐桶，严禁用铁制工具，以防产生火花；机动车辆进入油库区应戴防火帽。

3.2.5 严禁漏罐漏桶装油，确保地面无油。

3.2.6 预警系统定期检查，确保有效。

3.2.7 油料按类存放，标志明显。

3.2.8 经常保持环境清洁，库内不准有引火物。

3.3 地下油品保管安全管理规程

3.3.1 严禁烟火，无关人员禁止入内；工作环境整洁；无引火物机动车辆进入库区，应戴防火帽。

3.3.2 一切电器、照明应按设计规范采用防爆型，夜间值班备有手电筒。

3.3.3 加油设备专人保管，操作精力集中，不得麻痹大意。

3.3.4 交接班时，必须认真检查油库的各部位，包括油门、气动阀门、油柜、气包、管路是否漏油漏气。发现问题随时解决，并做好检查记录。

3.3.5 工作前，检查安全阀、气压表是否准确，不准超规定负荷。

3.3.6 下班时要将各油门气阀关紧，检查有无异常现象后方可离开工作岗位。

3.3.7 油库工作人员必须坚守岗位，不准吸烟、饮酒，不准穿带钉鞋。

3.4 剧毒保管安全管理规程

3.4.1 工作人员必须熟知毒品性质和存放、收发、搬运、临时解毒知识。

3.4.2 库房必须严密无缝，门窗应牢固。

3.4.3 库房通风设备经常保持良好状态，开库前必须先启动通风，出库后关闭风机电源。

3.4.4 库房应严格控制出入人员，无关人员严禁入内，进入库内禁止抽烟、饮食。

3.4.5 收发保管账目应清楚，账物必须相符；领用审批手续应健全，不得涂改。

3.4.6 严格执行双人双发、双人领料、双本账、双锁、双人保管的"五双"制度。

3.4.7 盛过有毒物质的器具，不用时应及时收回，统一处理，不得乱放。

3.4.8 作业人员必须按规定穿戴防护用品，确保安全发放；摸过毒品后必须洗手。

3.4.9 消防器材设备要放在明显位置，作业人员要懂得灭火知识。

3.4.10 经常保持库房内外环境整洁卫生。

3.5 气瓶保管安全管理规程

3.5.1 氢、氧气库门前应挂有"严禁烟火"及"严禁油脂烟火"字样的危险警告标志牌。

3.5.2 氧气库房不得存放油脂和棉纱，身上沾有油污人员，禁止进入氧气库。充了气的气瓶储存时应符合下列要求：

（1）放置整齐，并留有适当宽度的通道。

（2）直立放置，并设有栏杆或支架固定，防止跌倒。不能立放的气瓶可以卧放，但必须使之固定防止滚动，头部朝向一方，堆放高度不应超过五层。

（3）安全帽必须配置齐全。

（4）远离热源，防止暴晒。

3.5.3 盛装有毒气体的气瓶，应单独储存在室内，并设有专用的防毒设置。

3.5.4 盛装互相接触后会引起燃烧、爆炸的气体的气瓶必须单独分库储存。

3.5.5 储存氧气、可燃性气体气瓶的仓库或临时仓库，周围10米以内禁止堆放易燃物品和使用明火。

3.5.6 气瓶库房应有适当种类和数量的消防用具。

3.6 化学易燃品保管安全管理规程

3.6.1 无关人员禁止入库，因公入库人员严禁携带打火机、火柴等易燃物品。

3.6.2 库区严禁烟火并保持整洁，库房周围10米内无杂草。

3.6.3 因公进入化学易燃品库的人员，必须先登记后入库。岗位人员认真做好日查记录，发现安全隐患，及时报告有关领导，并及时采取措施。

3.6.4 剧毒品，放射性物品按有关规定及化工技术要求守则执行。

3.6.5 仓管人员必须熟悉所管化工材料的性能，并了解发生事故的条件及预防办法。

3.6.6 化学易燃品要分类定量存放，严格管理，防止自行分解和互相反应发生火灾、爆炸及中毒事故。

3.6.7 为保障人身安全，不准食用生产用化学材料（如酒精、碱面、糖精等）。

3.6.8 易燃品的容器包装应牢固，发现破漏应立即更换。

3.6.9 库内保持通风良好；温度、湿度符合要求；要有避光、防冻、防热等措施；电器照明应防爆。

3.6.10 库房设有足够的消防器材，保证完备有效；保管人员应熟悉消防器材使用方法，做到三懂三会；库内应留有通道。

3.7 木料保管安全管理规程

3.7.1 无关人员禁止入库，因公入库人员登记后入库，严禁携带任何易燃品。

3.7.2 库区严禁烟火，保持整洁，无其他易燃物品和杂草。

3.7.3 保管人员必须熟悉所管木材的性能，并了解发生事故的条件及预防办法。

3.7.4 木材进库按规格分类，码垛存放；要有防护措施，不得雨淋、日晒、腐烂。

3.7.5 库内严禁存放腐蚀木材的材料（如酸、碱等）。

3.7.6 库内保持通风良好，做好日查记录。

3.7.7 经常检查消防器材，保证完备有效。仓管人员应熟悉消防器材的使用方法。

3.8 废品保管安全操作管理规程

3.8.1 库房保持通风良好，严禁烟火；消防器材放在明显位置；懂得灭火知识。

3.8.2 在收发搬运过程中，要拿稳放妥，勿使物件落下伤人。

3.8.3 各种物品堆放平稳牢固、整齐有序，便于取放；库区内保持道路畅通。

3.8.4 工作人员熟悉废旧物品存放，保管处理知识；经常保持库内外环境整洁卫生。

第三节　仓库消防管理

仓库集中储存着大量的物品，从仓库的危害程度来看，火灾造成的损失最大。因此，仓库消防管理是仓库安全管理的重中之重。图 6-6 为禁止烟火的安全标志，提醒仓管员注意。

图 6-6　禁止烟火的安全标志，提醒仓管员注意

一、仓库中常见的火灾隐患

仓库中常见的火灾隐患如图 6-7 所示。

电器设备方面

· 电焊、气焊违章作业，没有消防措施
· 用电超负荷
· 违章使用电炉、电烙铁、电热器等
· 使用不符合规格的保险丝和电线
· 电线陈旧，绝缘皮破裂

储存方面

· 不执行分区分类，易燃易爆等危险品存入一般库房
· 储存场所温度、湿度超过物品规定极限
· 库区内的灯具不符合要求
· 易燃液体挥发渗漏
· 可自燃物品堆码过实，通风散热散潮不好

机具方面

· 无防护罩的汽车、叉车、吊车进入库区或库房
· 使用易产生火花的工具
· 库内停放、修理汽车
· 用汽油擦洗零部件
· 叉车内部皮线破露、油管老化漏油

火种管理方面

· 外来火种和易燃品因检查不严带入库区
· 在库区吸烟
· 在库区擅自使用明火
· 炉火设置不当或管理不严
· 易燃物未及时清理

图 6-7　仓库中常见的火灾隐患

二、火灾的预防措施

（一）仓库防火措施

仓库的防火措施主要如图 6-8 所示。

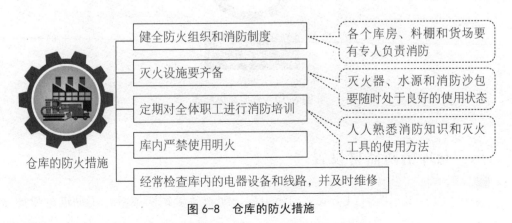

仓库的防火措施

健全防火组织和消防制度 —— 各个库房、料棚和货场要有专人负责消防

灭火设施要齐备 —— 灭火器、水源和消防沙包要随时处于良好的使用状态

定期对全体职工进行消防培训 —— 人人熟悉消防知识和灭火工具的使用方法

库内严禁使用明火

经常检查库内的电器设备和线路，并及时维修

图 6-8　仓库的防火措施

（二）库存危险品防火要点

仓库危险品防火有几个要点如图6-9所示。仓库禁火标志如图6-10所示。

1 防止明火引起的火灾：禁止把火种带入库区，严禁在库区、货区吸烟。当焊接金属容器时，必须在库房外指定的安全地带操作

2 防止摩擦和冲击引起的火灾：在搬运装有易燃、易爆危险品的金属容器时，严禁滚、摔或拖拉，以防止商品之间的相互撞击、摩擦产生火花；同时也不得使用能够产生火花的工具开启容器；进入库房内的任何工作人员，都不能穿带铁钉的鞋，以防铁钉与地面摩擦产生火花

3 防止电器设备引起的火灾：在装卸搬运易燃、易爆的危险品所使用的电瓶车、电动吊车、电动叉车以及库房内电源线路和其他电器设备，必须采用防爆式，并在工作结束后，立即切断电源

4 防止化学反应引起的火灾：浸油的纱布、抹布等不得放置在库房内，以防止自燃

5 防止日光聚集引起的火灾：用玻璃容器盛装的可燃、易燃液体，在露天搬运和储放时，应防止太阳聚光而引起的燃烧；易燃、易爆物品的库房窗玻璃应涂以浅色油漆，防止日光照射物品；装有压缩或液化气体的钢瓶、低沸点的易燃液体的铁桶容器、易燃易爆的物品以及受热容易蒸发汽化的物品，都不得暴晒在阳光下

图6-9 库存危险品防火要点

图6-10 仓库禁火标志

三、仓库消防器材设置

仓库平时应组织所有员工成立消防组织，配备各类消防器具，定期进行救护培训

与演习。

（一）灭火器的配置

仓库应该配备灭火器，配置灭火器应注意三点内容，如图 6-11 所示。干粉灭火器如图 6-12 所示。

灭火器配置数量 👉 仓库配置灭火器时，应按每 100 平方米一个计算，每间库房不得少于两个

灭火器存放位置 👉 灭火器应悬挂在仓库外面的墙上，离地面高度不超过 1.5 米，并要远离取暖设备和防止曝光直射。灭火器可存放于灭火器箱内，起到被保护和美观的作用

灭火器配置种类 👉 只有在不同的场所配置不同的灭火器，才能发挥灭火器最大的灭火效能和经济效益

图 6-11 配置灭火器注意的内容

图 6-12 干粉灭火器

讲师提醒

报废的灭火器或储气瓶，必须在筒身或瓶体上打孔，并且用不干胶贴上"报废"的明显标志。标志内容如下："报废"二字，字体最小为 25 毫米×25 毫米；报废年、月；维修单位名称；检验员签章。灭火器每年至少应进行一次维护检查。

灭火器配置种类

不同场所应选用不同的灭火器，灭火器配置种类如下表所示。

不同场所选用灭火器配置种类

序号	场所	灭火器配置种类
1	精密仪器和贵重设备场所	灭火剂的残渍会损坏设备，忌用水和干粉灭火剂，应选用气体灭火器
2	贵重书籍和档案资料场所	为了避免水渍损失，忌用水灭火，应选用干粉灭火器或气体灭火器
3	电器设备场所	因热胀冷缩可能引起设备破裂，忌用水灭火，应选用绝缘性能较好的气体灭火器或干粉灭火器
4	高温设备场所	因热胀冷缩可能引起设备破裂，忌用水灭火，应选用干粉灭火器或气体灭火器
5	化学危险物品场所	有些灭火剂可能与某些化学物品起化学反应，有导致火灾扩大的可能，应选用与化学物品不起化学反应的灭火器
6	可燃气体场所	有可能出现气体泄漏火灾，应选用扑灭可燃气体灭火效果较好的干粉、二氧化碳等灭火器

（二）消防水桶

消防水桶应做成尖底，漆成红色，按仓库面积每50平方米至少配备一个，一般独立的库房至少配备4个，挂在出入口外墙明显处。无论有无消防水道，在每个仓库附近，要配置一定数量的大水桶。在储存液体燃料的仓库附近，必须配沙子，用木箱式桶盛装，容器漆成红色。

（三）消火栓箱

如图6-13所示，消火栓箱是由箱体、室内消火栓、水带、水枪及电器设备等消防器材组成的箱状固定消防装置，具有给水、灭火、控制和报警等功能，适用于室内消防系统的厂房、库房、高层建筑和民用住宅等。

（四）防火墙

在设计仓库时应考虑防火墙的设计，其厚度要考虑到发生火灾时的烘烤时间。其高度应超出屋顶。

（五）防火隔离带

在库房、料棚和货场内留出足够的防火隔离带，且防火带内严禁临时存放可燃物料。

图 6-13　消火栓箱

图 6-14　消防应急包

（六）防火门

防火门是用耐火材料制成的，万一某一库房起火，扑救不及时，可关闭该库房的防火密封门，使火势蔓延不到另一库房。

（七）消防应急包

如图 6-14 所示的消防应急包包含几种常用的灭火和逃生用具，通常有应急包箱 1 个、灭火器 1 个、自救呼吸器（防毒面罩）1 具、防水探照灯 1 个、逃生绳 1 条、不锈钢挂钩 1 个、腰斧 1 把。还可根据需要配置。

四、报警与灭火

当火灾发生时，仓管员应先迅速利用自有的消防设备，尽力救护扑灭，并立即拨打 119 报警电话请消防队前来施救。

（一）报警

消防工作实践证明，报警晚是酿成火灾的重要原因之一。仓库应配备准确可靠的报警系统，一旦仓库中某处发生火情，报警装置能及时准确地报警，仓库保卫部门就能迅速报告消防队和通知全体仓库员工，以便及时组织扑救，避免火势的蔓延。

不管火势大小，只要发现失火，就应立即报警。报警越早，损失越小，报警后应有人到路口接消防车到达火灾现场。

（二）灭火

通常采用的基本灭火方法如下。

1. 冷却灭火法

冷却灭火法是指将灭火剂直接喷洒在可燃物上，使可燃物的温度降低到自燃点以下，从而使其停止燃烧。如用水、酸碱灭火器、二氧化碳灭火器等均有一定的冷却作用。

2.拆移灭火法

拆移灭火法又称隔离灭火法，它是将燃烧物与附近可燃物质隔离或疏散开，从而使燃烧停止。例如，将火源附近的易燃易爆物品转移到安全地点；关闭设备或管道上的阀门，阻止可燃气体、液体流入燃烧区等。

3.窒息灭火法

窒息灭火法是指采用适当的措施，使燃烧物与氧气隔绝。火场上运用窒息法扑救火灾时，可采用石棉被、湿麻袋、砂土、泡沫等不燃或难燃材料覆盖燃烧物或封闭孔洞；用水蒸气、惰性气体（二氧化碳、氮气等）充入燃烧区域；或用水淹（灌注）的方法进行扑救。

4.抑制灭火法

抑制灭火法是指将化学灭火剂喷入燃烧区参与燃烧反应，中止链反应而使燃烧停止。采用这种方法可使用的灭火剂有干粉和卤代烷灭火剂。灭火时，将足够数量的灭火剂准确地喷射到燃烧区内，使灭火剂阻止燃烧反应。同时还需采取必要的冷却降温措施，以防复燃。

第四节　仓库治安保卫管理

仓库治安管理是仓库管理的一项重要工作。仓管员在日常的管理中，要注意人员的治安、物品的安全以及防盗管理。

一、人员治安管理

仓库治安管理应加强人员安全管理，包括内部人员管理和外部人员安全管理两个方面。图6-15为仓库设立警示牌，杜绝外人随便进出。

图6-15　设立警示牌，杜绝外人随便进出

（一）内部人员安全管理

仓库内部人员的安全管理，通常是以严格的规章制度来进行约束的。同时，企业的各级行政部门对本部门所辖人员应进行治安宣传教育，一旦出现问题，则由保卫部门配合行政部门解决。

（二）外部人员安全管理

仓管员对外部人员的安全管理，主要是指对驻库员、押运员、提送货人员、联系业务人员、临时工以及探亲访友等人员的管理，如图6-16所示。

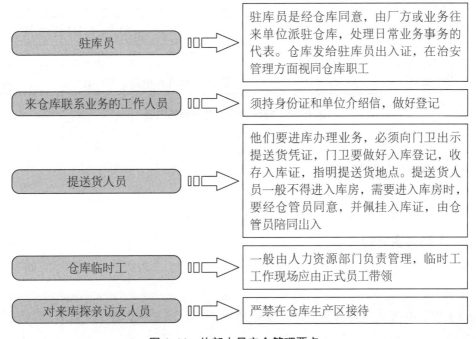

图6-16　外部人员安全管理要点

二、物品安全管理

（一）一般物品安全管理

物品储存要分区分类，要求不同类型物品不能混存。物品在库储存，要有专人负责，仓管员要经常检查。

（二）特殊物品安全管理

特殊物品是指稀有贵重金属材料及其成品、珠宝玉器及其他贵重工艺品、贵重药品、仪器、设备、化工危险品、特需物品等。储存此类物品除要遵循一般物品的管理制度和公安部门的管理规定外，还要根据这些物品的性质和特点制定专门的储存管理办法。其主要内容如图 6-17 所示。

内容一 ▶ 设专库（柜）储存。储存场所必须符合防盗、防火、防爆、防破坏等条件。根据情况可以安装防盗门、监视器、报警器等装置。外部人员严禁进入库房

内容二 ▶ 保管特殊物品要指定有业务技术专长的人员负责，并且必须是两人以上，一人无收发权

内容三 ▶ 要坚持严格的审批、收发、退货、交接、登账制度，预防在储存、运输、装卸、堆码、出入库等流转过程中发生丢失或错收、错发事故

内容四 ▶ 特殊物品要有特殊的保管措施，要经常进行盘点和检查，保证账物相符

内容五 ▶ 对过期失效和报废的易燃、易爆、剧毒、腐蚀、污染、放射性等物品，要按照公安部门和环保部门有关规定进行处理和销毁，不得随意处置

图 6-17　特殊物品安全管理的内容

三、仓库防盗管理

仓库防盗管理包括防内盗管理与防外盗管理两部分。

（一）防内盗管理

仓库内盗的主要原因是人员素质与监督措施的缺失。可以从以下两个方面入手，具体内容如下：

（1）提高仓库人员自身素质，开展素质培训、明确工作责任、消除管理盲点，用文明的环境感化人的意识、思维和行为。

（2）强化监督措施，如增加监督设施、提升监管水平、开展有奖举报等。

（二）防外盗管理

仓库外盗的主要原因是仓库管理措施不得力，管理方式存在漏洞，要消除外盗必须从以下两个方面着手。具体内容包括：

（1）加大管理力度，严格管理制度、提升奖惩幅度、实行主要领导负责制管理等。

（2）消除管理方式的漏洞就是要改善管理工作中的弊端。比如，增设保安人员，更新监控系统，开展巡逻等。

第七章

**精益仓储之
库存控制**

杨老师："同学们好！大家知道企业的经济效益的好坏无非是从'开源'和'节流'两方面入手，而我们今天要讲的库存控制就是用来减少企业运营成本的，是非常重要的'节流'措施。那么大家来谈谈对库存的认识以及你觉得库存应该是怎么样的。"

小张："我是原料仓库的仓管员，对原料仓库来说，库存就是已经到货但还没发给生产的物料。我们作为仓管员工作的一部分内容就是和这些库存打交道。"

杨老师："说得很好。那库存是越多越好吗？"

小张："这个应该不是的。库存量大就会占用大量资金，还增加人力物力的消耗，我觉得最好就是这个物料到了直接可以生产，不用储存在仓库，这样可以节省很多成本。"

杨老师："你很有想法，你说的这种属于零库存的情况，是一种理想的库存状态。但是还没有哪个工厂能实现这理想库存状态。能想到为什么吗？"

小张："因为实际生产中有很多不确定的因素，谁也确定不了这个物料什么时候到才来得及生产，而且还要考虑供应商的情况。"

杨老师："是的，你的思维非常活跃啊。"

小张有些不好意思："工作时候我见过各种形式的库存，还有呆料、废料等，所以有的时候就想该如何改善这样的现状呢。"

杨老师："小伙子很有前途，很多成功都是从思考开始的。考虑到很多实际情况，企业一般会确定一个适当的库存量，这样既不用长期占用仓库空间，又不会过多地占用资金。今天就给大家讲讲库存和如何控制库存。"

第一节 库存基础知识

一、库存的常见类型

企业库存主要有产品、物料及生产过程中可能堆积的半成品。以下我们按不同方法对企业库存进行分类。

（一）按其在生产加工和配送过程中所处的状态划分

按其在生产加工和配送过程中所处的状态划分，库存可分为图7-1所示几种。

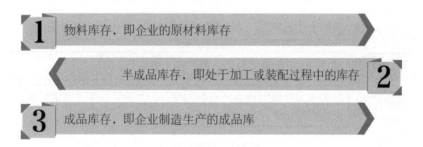

1 物料库存，即企业的原材料库存

半成品库存，即处于加工或装配过程中的库存 2

3 成品库存，即企业制造生产的成品库

图7-1 库存的种类划分（一）

（二）按作业和功能划分

按作业和功能划分，库存分为图7-2所示几种。

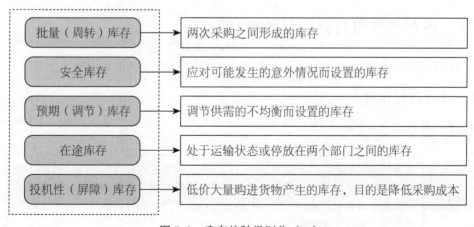

批量（周转）库存	两次采购之间形成的库存
安全库存	应对可能发生的意外情况而设置的库存
预期（调节）库存	调节供需的不均衡而设置的库存
在途库存	处于运输状态或停放在两个部门之间的库存
投机性（屏障）库存	低价大量购进货物产生的库存，目的是降低采购成本

图7-2 库存的种类划分（二）

（三）按是否具有计划性划分

按是否具有计划性，企业的库存品又分为两种：一种是在经营意识下产生的属计划性的政策性库存品；另一种是在无意识下不得已产生的，属非计划性的一般性库存品。

1.政策性库存品

政策性库存品是在生产活动中，由于下列原因而有计划地产生的库存品，如图7-3所示。

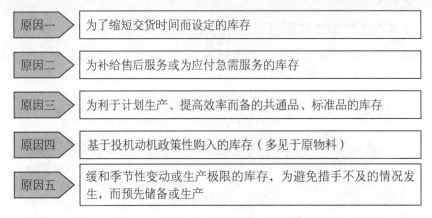

原因一	为了缩短交货时间而设定的库存
原因二	为补给售后服务或为应付急需服务的库存
原因三	为利于计划生产、提高效率而备的共通品、标准品的库存
原因四	基于投机动机政策性购入的库存（多见于原物料）
原因五	缓和季节性变动或生产极限的库存，为避免措手不及的情况发生，而预先储备或生产

图7-3　政策性库存

2.一般性库存品

一般性库存品是指在企业生产活动中，不知不觉逐渐累积起来的库存品，包括由于生产能力不均衡所产生的库存和派不上用场的库存。

二、库存的作用与高库存的弊端

库存对企业具有非常重要的作用，但高库存却会大量占用企业的资金。

（一）库存的作用

库存主要有三大作用，如图7-4所示。

维持销售的稳定，防止错失销售机会。企业如果没有一定的库存，遇到一些不定时的订单时就无法满足客户的要求。也就是说，需要库存的最大原因就是企业不想错失销售的机会，即库存可以改善服务质量，预防不确定性的需求变动，能把握住销售机会

平衡企业物流。在企业采购物料、生产用料、半成品及销售物品的物流环节中，库存起着重要的平衡作用

平衡流通资金的占用，提高人员与设备的利用率。库存的物料、半成品及成品是企业流通资金的主要占用部分，因而库存量的控制实际上也是进行流通资金的平衡。例如，加大订货批量会降低企业的订货费用，保持一定量的半成品库存与物料会节省生产交换次数，提高工作效率，但这两方面都要寻找最佳控制点

图 7-4　库存的作用

（二）高库存的弊端

高库存是指库存物品量超出了正常的使用量及库存容量，因而很容易造成各类弊端。高库存的弊端如图 7-5 所示。

弊端一	库存管理不当就会形成大量的资金沉淀，使企业高额资本（盘存资产）增多，周转更困难，从而阻碍企业的积极经营
弊端二	增加了企业的产品成本与管理成本，即库存成本库存物料的成本增加直接增加了产品成本，而相关库存设备、管理人员的增加也加大了企业的管理成本
弊端三	不适当的库存，会产生呆料、废料，导致企业利润下降
弊端四	掩盖了企业众多管理问题，库存会掩盖企业因浪费、不均衡生产造成的各种问题，如计划不周、采购不力、生产不均衡、产品质量不稳定及市场销售不力等问题

图 7-5　高库存的弊端

了解了库存的积极与消极作用后，才能有效解决企业的库存问题，从而更好地解决生产和管理问题。

讲师提醒

第二节　零库存与适当库存

一、零库存的含义

零库存系统是由日本丰田汽车公司首先采用的，它的基本思想是通过严格管理，杜

绝生产待工、多余劳动、不必要搬运、加工不合理、不良品返修等方面的浪费，从而达到零故障、零缺陷、零库存。

零库存的核心思想可概括为"在需要的时候，按需要的量生产所需的产品"，也就是通过生产的计划和控制及库存的有效管理，追求一种无库存，或库存达到最少的生产系统。

二、零库存的作用

零库存的目的是减少资金占用量和提高物流运动的经济效益。如果把零库存仅仅看成是仓库中存储物的数量减少或数量变化趋势而忽视其他物质要素的变化，那么，上述的目的则很难实现。因为在库存结构、库存布局不尽合理的状况下，即使某些企业的库存货物数量趋于零或等于零，不存在库存货物。但是，从全社会来看，由于仓储设施重复存在，用于设置仓库和维护仓库的资金占用量并没有减少。

因此，从物流运动合理化的角度来研究，零库存管理应当包含以下两层意义，如图7-6所示。

图7-6　零库存管理的含义

虽然库存给企业带来了一些好处，比如避免缺货、保障向客户供应、保证生产与经营过程的连续进行等，但是其弊端也是很大的。而现代生产的发展，竞争的加剧，对企业降低成本的要求越来越迫切。因而"零库存"作为比较科学的方式被很多企业所关注，但要实现零库存是非常困难的。

三、适当库存的理念

适当库存可以说是企业最希望达到的库存形态。因为过剩和过少两种库存的性质完全相反，要达到平衡很难。

例如，当品种多样或是商品生命周期缩短时，不管库存多少，热卖商品还是会缺货，而库存太少就会错过销售的机会。相反，滞销的商品就会造成库存过剩。

适当库存就是让过剩库存不要受到资金的压力，让过少库存不要损失销售的机会，以促进这两种库存之间平衡状态的维护，具体如图7-7所示。

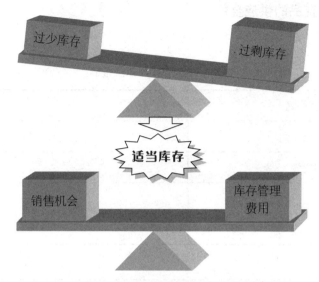

图 7-7　适当库存理念示意图

第三节　ABC分类管理法

一、ABC 分类法的实施

ABC 分类法的实施步骤如图 7-8 所示。

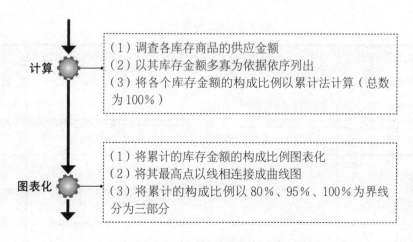

计算
（1）调查各库存商品的供应金额
（2）以其库存金额多寡为依据依序列出
（3）将各个库存金额的构成比例以累计法计算（总数为100％）

图表化
（1）将累计的库存金额的构成比例图表化
（2）将其最高点以线相连接成曲线图
（3）将累计的构成比例以 80％、95％、100％为界线分为三部分

图 7-8　ABC 分类法的实施步骤

（一）调查库存品的供应金额

按库存品的品种在卡片上记入年供应金额，如表7-1所示。

表7-1　库存品年供应金额

库存品名	
年供应金额	
调查者	
调查日期：＿＿年＿月＿日	
备注	

讲师提醒

> 品种在200个以下时，每种都记入卡片，如果品种非常多，可分区段，从每个区段中选择一个品种作为区段代表，并将其年供应额记入卡片。

（二）计算金额

按供应金额的大小将卡片进行排序，再将累计供应金额与年总供应金额相除，得出百分比，填入表7-2中。

表7-2　ABC分类计算法

品种 使用	年供应金额	累计供应金额／万元	累计供应金额百分比／%	品种累积百分比／%
1号		1号年供应金额		0.5
2号		（1+2）号年供应金额		1
3号		（1+2+3）号年供应金额		1.5
……				
200号		（1+2+…+200）号年供应金额		100

具体做法如表 7-3 所示（以 10 个品种为例）。

表 7-3 ABC 具体计算

使用 品种	年供应金额 / 万元	累计供应金额 / 万元	累计供应金额 百分比 /%	品种累积 百分比 /%
1. 钢板	220	220	36.6	10
2. 绝缘板	200	420	70	20
3. 锡	100	520	86.7	30
4. 电线	40	560	93.3	40
5. 电子	20	580	96.6	50
6. 晶体管	8	588	98	60
7. 钢管	6	594	99	70
8. 螺钉	4	598	99.6	80
9. 支持器	1.4	599.4	99.9	90
10. 钉子	0.6	600	100	100

累计供应金额的百分比计算方法如下（以 3 号为例）：

$$\text{锡累计供应金额百分比（\%）} = \frac{（1+2+3）号的累计供应金额}{（1+2+3+\cdots+200）号的累计供应金额} \times 100\% = \frac{520}{600} \times 100\%$$

$$=86.7\%$$

品种累计数的百分比计算，在 10 个品种的情况下，第 1 号品种为 10%，第 2 号品种为 2×10% =20%，其余的依次类推。

（三）绘制 ABC 分类图

假设把某 "ABC 具体计算" 表中的累计供应金额百分比和品种累计百分比绘成曲线，再分成 A、B、C 三类供应金额，如图 7-9 所示，以品种累计百分比为横坐标，累计供应金额百分比为纵坐标，按 ABC 分类计算法计算表 7-3 所列关系，在坐标上取点并连接直线。

从图 7-9 可以看出，品种累计不足 20%，而资金占用金额约占 70%，划为 A 类，品种累计达 60% 以上，而资金占用金额约为 10%，划为 C 类物料。

介于 A 类和 C 类之间的库存品，称之为 B 类物料，这就是 ABC 分类控制法。

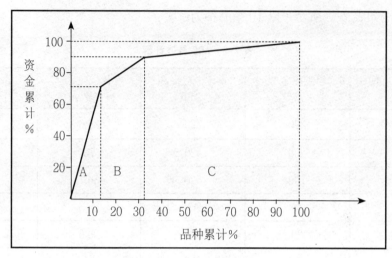

图 7-9　ABC 分类控制图

如果库存品种繁多，逐一列出很麻烦，而且由于混杂在一起，得不出明确概念，若是按金额大小排队之后，再按一定的标准把供应金额分成段，计算出各个段的百分比，就会一目了然。例如，基本厂供应品种为 722 个，年供应金额为 9253.51 万元，分成 7 段，其 ABC 分类如表 7-4 所示。

表 7-4　ABC 分类表

序号	供应金额区段 /万元	品种数	累计数	占总品种数 百分比 /%	供应金额 /万元	金额累计 /万元	占总金额 百分比 /%	分类
1	大于 10	80	80	10	8 439.10	8 439.10	91	A
2	8～10	6	86	11	53.73	8 492.83	92	B
3	6～8	17	103	13	119.06	8 611.89	93	B
4	4～6	31	134	17	153.34	8 765.23	95	B
5	2～4	67	201	26	188.06	8 953.29	97	B
6	1～2	88	289	37	126.77	9 080.06	98	B
7	≤1	483	772	100	173.45	9 253.51	100	C
合计	—	772	—	—	9 253.51	—	—	—

表 7-4 中，序号 1 中的物料品种占全部品种百分比为 10%，所占总金额百分比为 91%，因此可以被列为 A 类物料。而序号 7 中的物料品种占全部品种百分比为 63%，所占总金额百分比为 2%，因此可以被列为 C 类物料；而序号 2～6 之间的所有物料就可以被列为 B 类物料。

二、ABC 三类物料库存控制方法

ABC 三类物料所占种类比例与金额比例大不相同，所以对 ABC 三类物料应采取不同的物料控制方法。

（一）A 类物料

A 类物料种类少，占用金额大，最好不要有存货，对于 A 类物料要有一套完整的记录，一定要在有需求或订货时，才加以订购，并且要充分利用购备时间或前置时间，使交货及时，不影响生产计划，也不过早进厂。

（二）C 类物料

C 类物料种类多，金额少，可适当加大订购批量、提高保险储备量、采用定量库存控制进行控制，如库存量等于或低于再订购点时，就补充订购，以减少日常的管理工作。

（三）B 类物料

B 类物料介于 A 类和 C 类之间，种类与金额占的比重一般，但也不能忽视。

对于 B 类物料，可以不必像 A 类物料一样跟单订货，对购备时间控制非常严，但也不能像 C 类物料那样一次性大批量采购，可用选择补充库存制度进行控制，采取设置安全存量的方式，到请购点时以经济采购量加以采购即可。

讲师提醒

在实施ABC分类管理法时，一定要对各类物料按照各自的特点、要求分别管理。

第四节　订购点法与安全库存

一、订购点法

（一）订购点法的原理

假设最大库存量为 M，最小库存量为 m，经济的订购量为 $M-m$，订购点法的基本原理如图7-10所示。

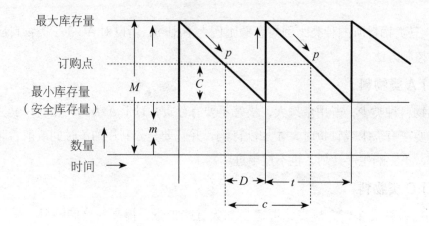

M—最大库存量
m—最小库存量（安全库存量）
p—订购点
D—资财购备期间
粗线表示库存量的推移

c—循环订购
C—购备期间使用量
t—经济预订量的使用期间

图7-10　订购点法的基本原理图

库存数量 M 开始依顺序出库而库存减少，到达订购点 p 时做定量订购。在购备所需要的时间里，库存量会逐渐减少，但在到达 m 时点时会有订购品交货，以致库存量会再次恢复到 M。

在这重复的过程中，可使库存自动管理。

（二）订购点的设定

订购点＝最小库存量＝购备时间×每天使用量+安全库存量

【精益范本】▶▶▶

· ·

计算订购点

例如：

（1）某物料过去一定时期的总耗用量，1个月平均为2400个。

（2）材料购买处的交货能力1天为300个。

（3）1个月的工作日数为24日。

（4）时常维持300个作为最小库存量。

计算：

1日平均耗用数量 =2400个/24日 =100个

购备期间 =2400个/300个 =8日

购备期间的耗用数量 C=100个×8日 =800个

订购点 P=300个+800个 =1100个

所以当库存数量变为1100个的时点时就要下单订购2 400个。

然而，图7-10中的库存在从 *M* 到 *m* 每天同样平均消耗量的情形下，会以直线表示，但实际上会出现阶段式消耗，也不见得会按照计划进行。实际耗用比计划多时，订购点（订购日）会提前；相反，则订购点会延后。

二、安全库存量

安全库存（safety stock，SS）又称保险库存，是指为了预防不确定性因素如大量突发性订货、交货期突然延期等特殊情况而预计的缓冲库存量。

（一）安全库存的计算公式

安全库存量的计算公式为：

安全库存量=预计每天或每周的平均耗用量×（订单处理期+供应商的交货期）+日安全库存

如考虑到厂内的生产周期，安全库存量的计算公式可变更为：

安全库存量=预计每天或每周的平均耗用量×（订单处理期+供应商的交货期+厂内的生产周期）+日安全库存

（二）安全库存的原则

（1）不因缺料导致停产，保证物流的畅通。

（2）在保证生产的基础上做最少量的库存。

（3）不产生呆料。

（三）安全库存制定的决定因素

（1）物料的使用频率（使用量）。

（2）供应商的交期。

（3）厂区内的生产周期（含外包）。

（4）材料的成本。

（5）订单处理期。

以上因素以单位时间内来计。

（四）需要定安全库存的物料

运用 ABC 分析法确定了物料的 A、B、C 等级后根据 A、B、C 等级来制定库存。具体如图 7-11 所示。

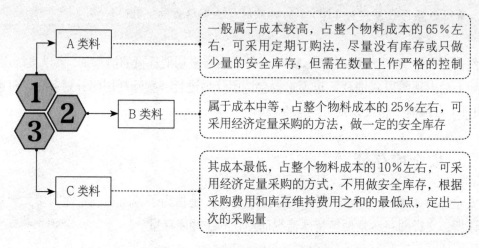

图 7-11　运用 ABC 分析法制定库存

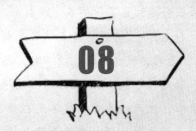

第八章

精益仓储之库存盘点

杨老师："在座的各位能来参加这个培训就证明大家是公司的优秀仓管员。那么，想必大家都经历过盘点吧。"

"对。""来参加培训前刚结束季度盘点。"学员们纷纷回答。

杨老师："我听见有一位同学说刚刚结束盘点。来谈谈你的感想。"

小王："就在培训开始前一周我工厂结束了季度盘点，我厂一般是每季度进行一次盘点，年终再盘点一次。这次季度盘点我是全程参与的，盘点结束后我发现定期进行盘点是非常必要的。"

杨老师："为什么这么说呢？"

小王："因为盘点过程中，我发现很多账目与实物数量对不上。比如有一种物料，应该有10个单位的余料，但是盘点结果只有8个单位余料，2个单位的余料不翼而飞，查不到任何记录。还出现有的物料比账上多的情况。特别是这次盘点，发现有一种物料在仓库放置了一年多，以前每次盘点都有记录但是盘点结束也没做处理。"

杨老师："你说的盘点结果是大部分公司盘点都会发生的情况。"

"是的，我也遇到过。""对，遇到过类似的情况。"学员们纷纷附和。

杨老师："盘点结果可以反映很多问题，比如平时物料的接收和发放是不是准确记录啦，生产的浪费率是不是在合理范围内啦，有的时候平时工作不认真也会在盘点时得以体现。那么要改善这种情况需要其他部门的共同努力，那我们这节课就来讲一讲我们仓管员如何做好盘点工作。"

第一节 盘点的作用与形式

一、盘点的重要作用

盘点是指为确定仓库内或其他场所内现存物品的实际数量，而对物品的现存数量加以清点的活动。它的作用如图8-1所示。

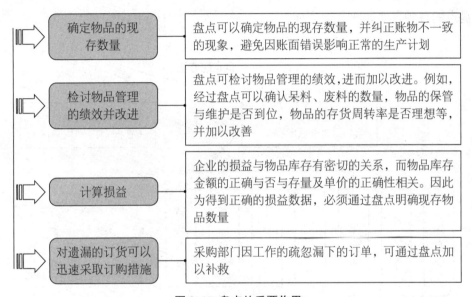

图8-1 盘点的重要作用

二、盘点的常见形式

企业通过盘点可以发现库存物品数量上的溢余、短缺以及规格互串等问题，以便及时查找并分析原因，采取措施挽回或减少损失。那么，企业应采取何种盘点方式呢？

（一）定期盘点和循环盘点

定期盘点和循环盘点的内容如图8-2所示。

图8-2 定期盘点和循环盘点

（二）账簿盘点和实地盘点

（1）账簿盘点，是以记录着每天的出入库数量及单价的库存总账簿或库存卡为准，再依照理论来计算并且掌握库存数量的一种盘点方法。

企业如果没有将库存状况持续记录下来，则无法实行账簿盘点，而必须进行实地盘点。

（2）实地盘点，是以实际调查仓库的库存数计算出库存额的一种方法，又称实盘。因为在实际工作中，记录在账簿上的库存量与实际库存量并非完全一致，这就需要定期对实际的库存量进行仔细确认。

盘点的各种方法如图8-3所示。

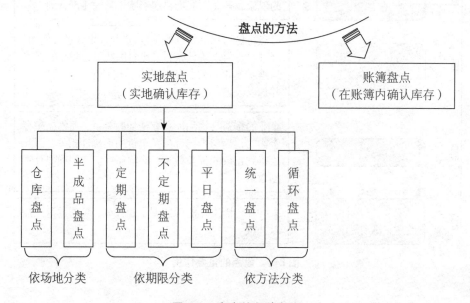

图8-3 盘点的各种方法

第二节 盘点的准备与实施

一、盘点记录工具

盘点记录工具多种多样，如盘点传票、盘点卡、盘点架等。每种工具的用法不同，企业应根据具体情况选用盘点记录工具。

（一）盘点传票

盘点传票的用法如图 8-4 所示。

按计划要求做成盘点传票（记录品名、品号等）
送交盘点人
记录现货的数量及日期
撕去一半（表示已盘点）
撕去的一半收回做统计等盘点处理

图 8-4　盘点传票的用法

盘点传票的样式及使用方法，如图 8-5 所示。

盘点传票

日期：_____

品名：_____

品号：_____

数量：_____

- -

日期：_____

品名：_____

品号：_____

数量：_____

印

图 8-5　盘点传票

（二）盘点卡

盘点卡需要收回，不能留在现货处。盘点卡的用法如图 8-6 所示。

图8-6　盘点卡的用法

【精益范本1】▶▶

盘 点 卡

盘点卡的样式如下表所示。

盘 点 卡

盘点日期：　　　　　　　　　　　　　　　　　　　　　　　卡号：

物品名称		物品编号			
物品规格		存放位置			
账面数量		实盘数量		差异	
说明：		复盘人		盘点人	

（三）盘点架

盘点架的用法如图8-7所示。

用法一	按计划要求，做成新的盘点架
用法二	将盘点架送交现货处理盘点人
用法三	在原有（旧）的盘点架上填入现货的数量及日期（旧盘点架在上次盘点时做成，上面记录着从上次盘点至现时的出库情况）
用法四	把余数（现货数）转记到新盘点架上
用法五	收回旧盘点架做盘点处理
用法六	新盘点架转仓库管理

图8-7　盘点架的用法

盘点架的样式如图 8-8 所示。

盘点架

日期：＿＿＿＿＿＿＿＿＿＿＿＿＿＿＿＿＿＿＿＿＿＿＿＿＿＿＿＿

品名：＿＿＿＿＿＿＿＿＿＿＿＿＿＿＿＿＿＿＿＿＿＿＿＿＿＿＿＿

品号：＿＿＿＿＿＿＿＿＿＿＿＿＿＿＿＿＿＿＿＿＿＿＿＿＿＿＿＿

数量：＿＿＿＿＿＿＿＿＿＿＿＿＿＿＿＿＿＿＿＿＿＿＿＿＿＿＿＿

日期	传票	出	入	余

图 8-8　盘点架样式

二、盘点前的准备

做好盘点前的准备工作，具体可从以下几方面着手。

（一）做好盘点计划

盘点前应做好盘点计划，其内容如图 8-9 所示。

| 决定进行盘点的日期与时间 | 决定进行盘点的品目 | 决定各盘点区域的负责人 | 决定本次盘点的记录方法及保管方法 |

图 8-9　盘点计划的内容

（二）成立盘点小组

企业在开展盘点前应成立盘点小组。由盘点小组负责盘点的具体实施工作。盘点小组应分为初盘小组和复盘小组，两个小组的职责如图 8-10 所示。

负责对仓库物品的初盘工作，填写盘点卡

初盘小组

复盘小组

负责对初盘小组的盘点结果进行复盘，找出盘点差异

图 8-10　盘点小组的职责

（三）盘点前的清理工作

盘点前仓库的清理工作主要包括以下几项，如图 8-11 所示。仓库现场图见图 8-12。

工作一　供应商所交来的物料还没办完验收手续的，不属于本企业的物料，所有权应为供应商所有，必须与企业的物料分开，以免将其盘入企业物料当中

工作二　已验收完成的物料应即时整理归仓，若一时来不及入仓，要暂存于仓库，记在仓库的临时账上

工作三　仓库关闭之前，必须通知各用料部门预领关闭期间所需的物料

工作四　为呆料、不良物料和废料划出专区存放、标示

工作五　尚未交货的成品应算入企业的财产

工作六　将所有单据、文件、账卡整理就绪，未记账、销账的单据均应结清

工作七　清理仓库，使仓库井然有序，便于计数与盘点

图 8-11　盘点前的清理工作

图 8-12　仓库应井然有序

（四）盘点前生产线退料

为了配合盘点工作，生产线的退料工作必须做得相当彻底，在仓库清理之前，生产线必须做好退料工作。生产线的退料对象包括图 8-13 所示几项。

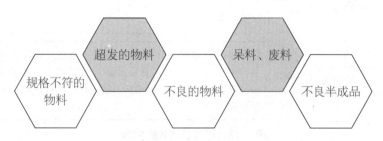

图 8-13　生产线的退料对象

生产线的退料工作在平时就要进行，在盘点来临时才进行退料工作，工作繁杂而不易顺利开展。生产线退料工作必须彻底进行，生产线所属工作场所（如生产线附近、工作桌抽屉、通风管等）都应彻底退料。

（五）盘点培训

为使盘点工作顺利进行，每当仓库进行盘点时，企业往往需要从其他部门抽调人手增援。对于从各部门抽调来的人手，必须加以组织分配，并进行短期的培训，使每一位人员在盘点工作中掌握盘点基本知识和注意事项，如图 8-14、图 8-15 所示。

图 8-14　培训

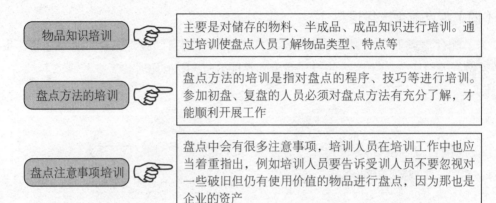

图 8-15 月盘点培训的内容

在进行盘点前，必须将仓库的清理、生产线的退料、盘点培训等准备工作做好，这些是盘点工作必不可少的内容。

讲师提醒

（六）校正度量仪器，准备盘点工具

企业必须安排人员事前检查仔细盘点所需要用到的磅秤、台秤等仪器，并准备好盘点时使用的计量用具以及盘点票、盘点记录表等单据。

三、盘点的正式实施

在将盘点的准备工作做好后，各小组就要在指定时间开始盘点作业的实施。以下所提盘点作业主要是指实地盘点，其过程主要分为初盘作业和复盘作业。

（一）初盘作业

初盘作业的内容如图 8-16 所示。

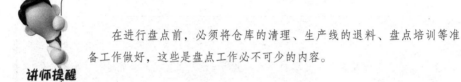

作业一	指定时间停止仓库物品进出
作业二	各初盘小组在负责人带领下进入盘点区域，进行各项物品的盘点工作。如果同一箱内存放着几种物品，盘点员应打开箱子进行仔细清点，并做好记录
作业三	盘点时可以一人一组，也可以两人一组。两人一组时可以由一人清点、读数，另一人记录，这样速度更快，效率更高

作业四	初盘人员在清点物品后，填写盘点卡，做到一物一卡
作业五	盘点卡一式三联，一联贴于物品上，两联转交复盘人员。贴在物品上的盘点卡必须贴紧，以免掉落
作业六	初盘负责人组织专人根据盘点卡资料填写盘点清册，将物品盘点卡资料填入。盘点清册一式三联，一联存被盘仓库，另两联交复盘人员
作业七	初盘作业必须非常仔细，对货架里面的物品也要认真盘点，避免出现差错，造成多次复盘
作业八	盘点时如果发现物品摆放混乱，应将其摆放整齐

图 8-16　初盘作业

（二）复盘作业

复盘作业的内容如图 8-17 所示。

作业一	初盘结束后，复盘人员在复盘小组负责人的带领下进入盘点区域，进行物品复盘工作
作业二	复盘可采用 100% 复盘的方式，也可采用抽盘的方式，具体比例由复盘小组确定，但复盘比例不可低于 30%
作业三	复盘人员根据实际状况，可采用由账至物的抽盘作业方式或由物至账的抽盘作业方式
作业四	复盘人员对核对无误的项目，在盘点卡与盘点清册上签字确认；对核对有误的，应会同初盘人员、仓管人员修改盘点卡、盘点清册中所载的数量，并签字确认
作业五	复盘人员将两联盘点卡及两联盘点清册一并上交财务部
作业六	复盘结束后要及时将仓库重新整理干净

图 8-17　复盘作业

【精益范本 2】▶▶

盘点清册

物品盘点清册及半成品／成品盘点清册如下表所示。

物品盘点清册

编号：

部门					盘点日期					
盘点卡号	型号	单位	实盘数量	账面数量	差异数量	单价	差异金额	差异原因	储放位置	
合计										
说明				会计		复盘			盘点人	

半成品／成品盘点清册

日期：

盘点卡号	料号	品名	规格	数量	单位	使用状况	备注

主管：　　　　　　　　　　复盘：　　　　　　　　　　盘点人：

第三节　盘点结果统计和处理

一、盘点结果统计

盘点卡是盘点实际库存数的原始记录，盘点工作负责人在盘点结束后应用电脑打印出各仓位区域内所有的盘点记录单，避免遗漏。

【精益范本 3】▶▶

根据盘点结果填写相应表单

　　盘点工作负责人根据盘点结果填写相应表单，如"盘点差异分析表"（见下表）、"盘点异动报告表"（见下表）等。

盘点差异分析表

物品编号	仓位号码	单位	原存数量	实盘数量	差异数量	差异%	单价	金额	差异原因	累计盘赢盘亏数量	累积盈亏金额	建议对策
合计								合计				

盘点异动报告表

盘点日期	物品编号	物品名称	盘盈数量	盘亏数量	盘盈（亏）金额	原存数量	实盘数量	累计盘盈亏数量	单价	累计盘盈亏金额

二、盘点结果处理

　　在盘点过程中，如发现账物不符的现象，企业应积极寻找账物差异产生的原因，同时做好预防及修补改善工作，防止差异的再发生。

（一）盘点差异确认

　　盘点工作负责人将盘点所得资料与账目核对后，如果发现账物不符的现象，则应追查原因，具体可从图 8-18 所示事项着手进行追查。

事项一	账物不符是否确实，是否有因账物处理制度存在缺陷而造成账物无法确实表达物料数目的现象
事项二	盘盈、盘亏是否由于仓管员素质过低产生了记账错误或进料、发料的原始单据丢失造成账物不足
事项三	是否盘点人员不慎多盘或将分置数处的物料未用新盘，或盘点人员事先培训工作不到位而造成错误
事项四	盘点与账物的差异是否在容许范围之内
事项五	找出盘盈、盘亏的原因，看今后是否可以事先设法预防或能否降低账物差异的程度

图 8-18　盘点差异确认

【精益范本 4】▶▶▶

库存盈亏明细表

查明盘点差异产生原因的同时，应将相关情况填入"库存盈亏明细表"（见下表）。

库存盈亏明细表

类别：　　　　　　　　　　　　　　　　　　　　　　　日期：

项次	品名	物品编号	单位	账面数量	盘点数量	差异	差异原因

厂长：　　　　　　　　主管：　　　　　　　　制表：

（二）盘点差异处理

1. 修补改善工作

盘点结束后，仓管员应做好修补改善工作，如图 8-19 所示。

依据盘点结果，企业应对分管人员进行奖惩

对账物、物料管制卡的账面进行纠正

不足料迅速办理订购

呆料、废料迅速处理

加强整理、整顿、清扫、清洁工作

将盘点中发现的废品集中存放起来，做废弃处理

图 8-19 修补改善工作的内容

2.预防工作

在找到盘点差异产生原因后，仓管员应做好预防工作，防止差异再次发生，具体措施如图 8-20 所示。

工作一 呆料比率过大，应设法研究，致力于减少呆废料

工作二 当存货周转率极低、存料金额过大造成财务负担过大时，应设法降低库存量

工作三 当物料供应不继率过大时，应设法强化物料计划与库存管理以及采购的配合

工作四 料架、仓储、物料存放地点足以影响到物料管理绩效，应设法改进

工作五 成品成本中物料成本比率过大时，应探讨采购价格偏高的原因，设法降低采购价格或设法寻找廉价的代用品

工作六 盘点工作完成以后，所发生的差额、错误、变质、呆滞、盈亏、损耗等结果，应分别予以处理，并防止以后再发生类似情况

图 8-20 预防盘点差异的措施

（三）调整账面存量

根据盘点后的差异结果，仓管人员要办理库存账目、保管卡的更改手续，以保证账、物、卡重新相符，具体如图 8-21 所示。

调整库存账目	调整保管卡
仓管人员应该根据盘点结果，在库存账页中将盘亏数量做发出处理，将盘盈数量做收入处理，并在摘要中注明盘盈（亏）	仓管人员调整保管卡时，也应该在收发记录中填写数量的变更

图8-21　调整账面存量的内容

【精益范本5】▶▶▶

盘点后的账面调整

盘点结束后，仓管员要调整库存账目与保管卡，具体如下表所示。

盘盈（亏）库存账目调整

年		凭证		摘要	收入	发出	结存
月	日	种类	号码				
…	…					…	
12	30	领料单	06123005			5 000	146 000
1	1	盘点单	070101	盘亏		5 000	141 000

盘盈（亏）保管卡调整

……							
收发记录							
日期	单据号码	发料量	存量	收料量	退回	订货记录	备注
……	……	……	……	……	……	……	……
12月30日	06123005	5 000	146 000				
1月1日	070101	5 000	141 000				盘亏

第九章
精益仓储之料账管理

情景导入

今天上课前，杨老师先从公文包里拿出来一些账簿和单据，包括库存管制卡、库存管制簿、入库单等。

杨老师："大家下午好！相信这些东西大家一定不会陌生。"

小李："是的，每天都会用到。"

"对。""对，天天用。"其他学员纷纷附和。

杨老师："这就是我们这节课要讲的内容了——料账管理。在座的各位基本每天都接触这些单据、卡片，那么你们每天都做好料账了吗？"

小李："杨老师，我觉得这个只要出、入库的物料数据能对得上采购记录或者生产记录就行了，应该不用每天做账。"

杨老师："就是说你公司仓库不需要每天做料账喽。"

小李："我觉得不用。"

杨老师："其他学员有不同意见吗？"

小张："我觉得做好料账还是非常必要的。拿上节课讲的盘点为例，如果做好料账，盘点时只需拿着做好的料账去仓库盘点，如果有问题再找原始单据，但是如果没做好料账，就只能拿着一大堆单据去盘点，不方便还容易出问题。"

杨老师："你这例子举得很好，很到位。各位都会有不同的想法，那么我来说一下。料账管理是公司资产安全、清晰和精益管理的必然要求，做好料账管理目的是合理疏通业务、真实反映货流转情况。所以说，料账管理是必要的，为什么这么说呢，相信学完这节课大家就明白了。现在我们开始这节课的内容。"

第一节 料账的基础知识

一、料账管理的作用

料账管理是非常必要的工作,其作用表现在三个方面,如图9-1所示。

作用一 **料账是采购作业的关键依据**

> 一般工厂在采购之前,一定会查询仓库存量。即使运用MRP系统的"净需求分析"方式,除"现有库存量"之外,仍要复查"已订未交量"与"制令应领量"

作用二 **料账是生产备料作业的关键因素**

> 生产部在排进度表时一定会查核该生产所有用料的存量状况,或在开立"制造命令单"时会查核存料投产的可能性。但是,他们所能查询的,也只不过是料账的账面存量,不会亲自到仓库里来查看

作用三 **料账是财务与成本信息的基本来源**

> 仓库的物料,在会计学上列为"资产",是要明确记在"资产负债表"上的。物料也是成本的关键项目,必须明确记录在"损益表"上,而损益表又密切关系着盈余分配,在有些公司甚至关系到生产奖金、年终奖金的发放

图 9-1 料账管理的作用

二、料账的基本架构

如图9-2所示,料账的基本架构主要包括了三个部分:其一是"管制核心",就是"库存管制卡",或者"库存管制簿";其二是"异动登录",也就是入库、出库作业,使物料存量增或减的记账作业,当然包括了库存调整;其三是"库存资讯提供",包括"库存量查询"在内,提供一切有关管理需求的账面报表,当然也包括计算机输出报表在内。

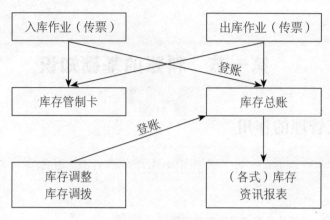

图 9-2　料账架构图

（一）库存管制卡与库存管制簿

为了强化料账管制功能，一般工厂基本上从两方面采取措施，如图 9-3 所示。

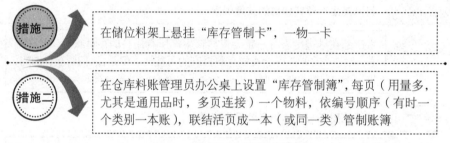

图 9-3　强化料账管理的措施

（二）异动登录

物料库存是为了供生产所需，因此，一定会有出库的异动，而物料也必然有"来处"，因此一定是存在某些入库异动。凡是入库或者出库，一定造成库存量的变动，这些异动，一定要记账处理。

有些出库并没有具体的使用目的，而是管理过程中的"附生结果"，例如报废、退货给供料厂商等。不过，因为它也影响存量，一定要记账。同样，有些入库异动的来源，例如现场把已发料的不良物料退回仓库，也要入账。

（三）库存资讯报表提供

如前所述，很多部门的管理工作，要依据库存料账的信息作判断，或者再处理变成另一个更高级的管理信息。这些信息，都不会是其他部门的人亲自到仓库现场来看"库存管制卡"，而是由仓库料账人员，通过一定的程序和方法，运用手工或计算机作业，编成报表提供的。当然，引入计算机管理的企业，其他部门人员可以通过计算机程序，自己直接取用计算机中的库存资料。

第二节　料账管理的实施

一、库存管制卡

（一）库存管制卡的格式与栏位内容

库存管制卡（如表9-1所示）是一个很重要的库存管制工具，一定要好好设计。整个"库存管制卡"必须分成两大部分：第一部分是"表头"，第二部分是"异动记账内容"。

表9-1　库存管制卡

储位：＿＿＿＿＿＿＿＿＿＿　　卡号：＿＿＿＿＿＿＿＿＿＿

料号：＿＿＿＿＿＿＿＿＿＿　　品名：＿＿＿＿＿＿＿＿＿＿

规格：＿＿＿＿＿＿＿＿＿＿　　单位：＿＿＿＿＿＿＿＿＿＿

订购点安全存量：＿＿＿＿＿＿　　最低安全存量：＿＿＿＿＿＿＿

最高存量：＿＿＿＿＿＿＿＿＿

日期	凭单号码	摘要	入库量	出库量	结存量	备注

为了充分运用整张卡片，该卡经常设计成两面，第一面格式不变，但第二面则没有表头，仅有第二部分即异动记账内容。

1. 表头

在"表头"部分，各栏位的重点如图9-4所示。

储位代号 ☞	一种物料最好是依规划放在同一储位，因此料账有其储位标志。有些情况，同一规格的物料，必须放置在非直接邻近的两个（以上）储位，这时，就需要具有"复数卡"的功能，一物同时具备若干张"卡"，与存放物料互相依附对应，挂在该储位上
卡号 ☞	每张卡必须有一个"卡号"，而且是唯一号码，这样才可以"稽核"。卡号应事先印在上面，由物控经理列入"管制"范围，而不是由料账人员自行填入
料号、品名、规格 ☞	应严格遵守"一料一卡"的原则，使之正确"归户"
单位 ☞	库存管制卡只是供仓库储位现场管理之用，所以计算应以计量单位为准。比如说，有些物料是以千克计价采购的，但发料现场则用"个"来逐一计算
安全存量水准 ☞	"安全存量水准"，依照"安全存量管理"模式需求，可再划分为"订购点"，以及"最低存量""最高存量"栏，以实施更严密的管理需求

图9-4　表头的重点内容

2. 异动记账内容

异动记账内容一般有图9-5所示栏目。

日期 ☞	日期即入、出库的实际异动日期。在仓储管理实务中，应采取"异动发生制"，而不是"凭证发生制"日期也需要严加稽核和管制，仓储料账必须严格遵守"今日事今日毕"的原则
凭单号码 ☞	凭单号码也是必须填写的栏目。凭单号码是指各种入库、出库的表单号码。即使是仓库内部的库存调整也一定要具备凭单，而且经过上级授权核准，而不能任由仓管人员处理
摘要 ☞	摘要栏目是"凭单号码"的延伸，表明是入库还是出库，从何入库，或出库到何"对象"或何批
入库量、出库量 ☞	入、出库量与入出库"凭单"是必须完全相符的对应栏位，如果是入库，填上入库单（例如验收单）号码后，依该入库单上的数量，直接记入管制卡上的"入库量"上，不可改变，不可不相符。出库作业也需同样记账

结存量也是必须填写的栏目，尤其在出库作业中，要求作业人员记入"结存量"，立即"习惯性"地复核安全存量水准，这样可以立即实现安全存量管制的效果，这比等待料账（或计算机）作业发出警示，更及时、更准确

备注一般用于特殊处理，例如盘点时，转入次期的"期初盘存"；而换用新卡时原卡则注明"转入新卡"，在新卡则注明"旧卡转入"，这时，原卡及新卡的卡号一定要明确记入此栏

图 9-5　异动记账内容

（二）置卡的时机与负责人

由于库存管制卡是一项关键性的控制工具，因此它的"发出"与"收缴"都要列入较严密的控制，置卡的时机及负责人如图 9-6 所示。

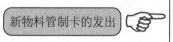

在新产品设计完成，新的物料规格产生时，就由物控经理与设计人员制定"料号"，由物控经理在订购单发出后，就取出一份已印妥卡号的空白管制卡，填上料号、品名、规格等栏位，交给仓管人员等待入库时一并处理

副卡的暂设

如果有某项物料进料量很大，原来的储位没有办法完全容纳，必须分开放置时，则必须设置副卡，这时应向物控经理说明情况，由其发出空白管制卡，并注明为副卡，交由仓管人员处理。一旦该暂储的储位存量用完，或在仓储整顿时予以归位，则废弃副卡，交由物控经理销账

盘点时的置换新卡

有些管理严格的工厂，常会要求在实地盘点时，一律将库存管制卡重新设置。这时，由盘点负责人依"预盘明细表"的内容，交由物控经理制作各料项的新的库存管制卡，再交给盘点人员在盘点时一并挂上，或者在盘点完成时，依据盘点结果，交由仓管人员重置新卡

只要原有库存管制卡的"异动内容"栏位已填满或原卡已破损或模糊不能用时，就由仓管人员向物控经理说明，换发新卡。同样，在新卡上应该注明原卡的号码，在原卡上也要注明转成新卡的号码

图 9-6　置卡的四大时机

（三）管制卡的存放

所有空白卡，一律由物控经理进行严密管制，不可随便外流。凡是已被置换的原卡，也一律交予物控经理，其存放期为一年，以便需要稽核之时使用。当然，保存期限届满时，法律责任及稽核功能已经失效，可以废弃销毁。

（四）为呆料与不良品设置辅助标志

如果由于设计变化或其他因素，确定某料项已经判定为呆料，又来不及（或未有规定）移到呆料仓库，则可在库存管制卡上注明为呆料（包括原因、发生日期），借以敦促及早处理。经判定为不良品的物料，也可同样处理，待仓储整顿时一并处理。

二、料账的凭据

不管是要"记账"入"库存管制卡"或"库存管制簿"，或者是入"计算机档案"，都必须有其记账依据，也就是凭单，换句话说，就是作为基本凭证的传票表单。料账是必须经得起稽核的，而稽核的依据，就是经过"授权幅度规定"核准的入出库表单传票。

（一）入出库异动性质

料账的入出库大致分成四大类，即入库、出库、库存调整以及调拨四类，其"指令"来源各有所依。

1. 入库

物料入库，则库存量增加，入库需做记账（过账）的加项。就制造业而言，大略有以下各细项，如图9-7所示。

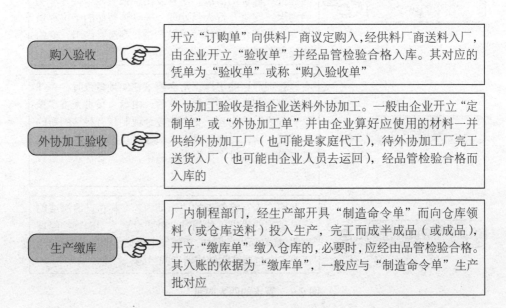

购入验收 ☞ 开立"订购单"向供料厂商议定购入，经供料厂商送料入厂，由企业开立"验收单"并经品管检验合格入库。其对应的凭单为"验收单"或称"购入验收单"

外协加工验收 ☞ 外协加工验收是指企业送料外协加工。一般由企业开立"定制单"或"外协加工单"并由企业算好应使用的材料一并供给外协加工厂（也可能是家庭代工），待外协加工厂完工送货入厂（也可能由企业人员去运回），经品管检验合格而入库的

生产缴库 ☞ 厂内制程部门，经生产部开具"制造命令单"而向仓库领料（或仓库送料）投入生产，完工而成半成品（或成品），开立"缴库单"缴入仓库的，必要时，应经由品管检验合格。其入账的依据为"缴库单"，一般应与"制造命令单"生产批对应

 生产余料退库 ☞ 由于生产中断，不宜将余料存放在现场，一般都要求以"物料退库单"为凭证，退存仓库。当然，有时候是领料量使用后尚有剩余，或者领料中混有不良品或不适宜物料，应退回仓库。其记账凭证为"退库单"，如与生产批有关，应记入生产批号，使成本分析更为准确

其他入库 ☞ 其他入库包括向外厂借料入库（待日后补充归还）等，不计入成本、又不支付账款的入库状况，一般以"特殊入库单"为凭证

图 9-7 入库的五种情况

2. 出库

出库是物料发放出去，使库存量减少，是记账时的减项。由于制造业的物料是使用于生产目的，所以，其异动性质变化较多。出库也有五种情况，如图 9-8 所示。

① 退货出库 已经验收进料入库的物料，当然已经记入库存账内，如果事后被仓管员或现场人员发现品质不良，或规格有误，或变成"无使用目的"的物料（经原供料厂商同意退回），则必须以"物料退回单"出库，退回原供料厂商，其记账凭证为"物料退回单"，且应与原验收单相对应

② 定额领料 生产领料往往区分为"定额领料"与"超损耗领料"两大类。通常由生管通过人工（或计算机），依 BOM 用料清单，开立"定额领料单"，交给仓库备料，在需用时将料送到生产现场或由生产现场派人来领取。这类记账作业，应以"领料单"尤其是"定额领料单"为准，而且应与"制造命令单"上的生产批对应

③ 超损耗领料 超损耗领料与"定额领料"相对立。在定额量领用之后，如果由于制程发生异常而耗料，不得已给予补足以使生产批顺利完成时，多由生产现场主管另开立"补料单"，注明其原因，经较高层主管核准，持单向仓库补领料，其记账依据为"补料单"，且应注明生产批别，以利成本分析

④ 报废 如果库存物料已不能用，经呈上级核准，则由仓管人员（或处理人员）开立"报废单"，经原核准人签署，即可做出库处理，其记账依据为"报废单"。有些工厂则简化合并入"其他出库"处理

⑤ 其他出库 如还料给原借入的工厂，一般多以"特殊出库单"为记账凭证

图 9-8 出库的五种情况

3.库存调整

仓管员在发现料账不准时，不应忽视其不准确状态，等待实地盘点时再予调整，而应该立即进行调整工作。

讲师提醒

绝对不允许仓管员在料账（包括库存管制卡）上大笔一挥，就调整了事。应该开立"库存调整单"，经上级（授权幅度规定）核准，才可调整料账。

4.调拨

有些中等规模的制造厂，往往有两个以上的厂，各有专属物料仓库，而物料中有不少互相通用的，经常可以互通有无，使总库存量维持在较低水准。但是，就公司会计作业（资产账）而言，却只有一个物料账。

在这种情况下，会计系统允许两个（以上）仓库，各有存量，但必须规定以"调拨单"为记账凭证，此方减而彼方增，总账仍为不变。

（二）入出库表单的设计

入出库表单是库存料账记账的基础，也是管理控制与稽核的依据，更是整理出各项统计数据的依据，因此其表单内容、格式栏位与联数流程，也应该深入探讨，在整合式计算机化系统中，更要重视。

入出库表单到底要几联才适应管理要求，不同企业有不同要求，但基本上分为两联，第一联作为库存记账后的凭证，第二联则为备存联，供提出（申请）部门存查之用。必要时，可增加第三、第四联，作"管理控制"或"通知"之用。比如说，在计算机化尚未"整合"之前，物料验收单第一联存仓库料账管理员，第二联为资料处理联，供计算机记账及会计之用，第三联则交予采购作销账与应付账款之用，第四联才交予供应厂商存留备查。入库单示意图见图9-9。

入 库 单

编号：

年 月 日

进货单位	品名	规格型号	数量	单位	单价	金额	结算方式	
							合同	现款

采购员：　　　　　　　　　　　　　　　库管员：

注：本单一式两联，第一联为仓库计账联，第二联交采购员办理付款并作为财务记账联。

图9-9　入库单示意图

为了使表单流程顺畅而不会遗漏，各联表单最好明示其各阶段流向部门。

【精益范本】▶▶▶

入出库表单的设计原则

（1）表头必须独立而周全，如下表所示。

入出库单表头设计要求

序号	栏位	要求
1	入出库的对象	对象要明确。比如说，"验收单"的对象一定是供料厂商（虽然，表面上是入出库），"领料单"一定是生产制程部门，或者外协加工厂商。在计算机作业中，应留有其"代号"栏位，以利对照
2	表单编号	一定不可少，大多位于表单右上角。记账时，一定要把表单编号填入"料账"对应的"凭单 No."栏位，互为对应稽核
3	异动性质	必须明确，例如是"物料购入验收"还是"外协加工验收"，是"定额领料"还是"超损耗领料"。最好加上"异动代号"，因为在计算机化作业中，这是一个很关键的栏位
4	辅助栏位	最好也要具备。例如"领料单"，一定要有"生产批号"或"制造命令单 No."的栏位，才可以核对以控制其重复性，而且成本才可归户

（2）异动明细项（主体）要周全够用，如下表所示。

入出库单主体设计要求

序号	栏位	要求
1	料项对象	应明确化，如"料号"与"品名规格"是真正过账到入库存料账的对应栏位。在计算机作业中，"料号"是绝对必要的，有时候"品类"区分也是不可缺少的
2	"单位"与"数量"	要周全。有些材料是以"千克"购入计算应付账款的，但以"个"为单位作料账与生产领料的依据，这时，最好区分"计价单位"与"计量单位"，各有其相对的"数量"栏位。在物料验收单上这一点最为明显
3	"应该"的量与"实际"的量	"应该"的量与"实际"的量对照。从"定额领料单"格式中可以看出，某项物料依"用料标准"换算，"应发料量"为250个，但由于当时存量不足，因此"实际发料量"为230个。在料账记账时，当然是以230个去扣账

续表

序号	栏位	要求
4	核签	要依顺序具备。所有表单都必须经过管理流程中"授权幅度"范围者的核准，才可入出库，或者才可以记账，因此顺序性地保留核签栏，才可以使责任明确化

三、料账不准原因分析与解决对策

料账管理的好坏关系到 MRP 运作、采购决策以及生产排程需料供需顺畅与否，所以，必须把它做到完全准确。

（一）料账不准的原因

要解决料账不准的问题，必须探究料账不准的原因，一般而言，料账不准的原因大致有以下六个方面，如图 9-10 所示。

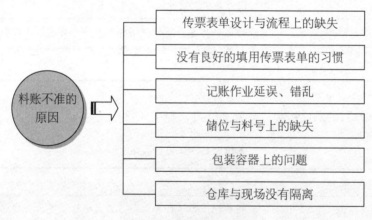

图 9-10　料账不准的原因

（二）使料账准确的对策

要使料账保持准确必须坚持以下几点，如图 9-11 所示。

> 对策一　**严密的入出库凭证**
>
> 首先，应该设计出适用且内容周全的入出库凭证表单，交给仓库及现场人员正确使用。其次，要好好培养现场人员正确填单的观念与习惯，不允许事后补单以及乱填乱改

对策二 即时或当日的记账作业，绝不拖延

即必须在入出库的同时立即记账的，料账应该是"今日事今日毕"，计算机化作业最好也是即时记账。仓管员要及时确认异动的料项的明细

对策三 运用标准容器，以利于入出库数量的准确复点

对关键性的料项，最好使用标准容器，使每箱内数量一致，从而便捷地由箱数就能掌握真正的总数量

对策四 强化仓库的储位整顿

每月定时轮流整顿各储位，同时复查其料账，即时予以调整。如果进出库频繁，且又属多批小量生产形态，则必须每周对本周内经常入出库的料项强化其整顿工作

对策五 运用常时盘点补足

为达到真正的料账复查调整的目的，仓管人员可每日抽出1小时左右（大多在下班前后），针对本日入出库量明显较大的物料，在储位上进行简单的目视盘点

图 9-11　使料账准确的对策

讲师提醒

　　仓管员也要严格控制，没有凭证表单的入出库，一律不予通融。接到凭证，也要细心查阅内容的合理性与正确性，包括各栏位应填写的部分，以及连号状况。发现异状，立即要求说明及改正。

四、库存管理资讯报表

一般的料账库存管理资讯，不管是以印出报表的形式出现，还是由责任（需用）人员在计算机终端机上直接查询，其运用的方向大致不外乎以下四种。

（一）库存量／值分类查询与统计

库存量／值分类查询与统计非常简单，仅从一个档案（或料账管制簿）而来，供生产现场主管在生产投料前查询，作为其细部排程前的参考，更是采购人员决定真正的采购量的关键。

（1）物料类别库存量表，如表9-2所示。

表9-2　物料类别库存量表

制表人：　　　　　　　　　　制表日期：

物料类别代号：		物料类别简称：			
料号	品名	规格	单位	现有库量	存料状态

（2）多储位料项存量明细表。该报表适用于一个物料储放于多个储位，或有时间性（或零星量）"先进先出"时使用，如表9-3所示。

表9-3　多储位料项存量明细表

制表人：　　　　　　　　　　制表日期：

物料类别：　　　　　料号：　　　　　　　　单位：				
品名：　　　　　　　规格：				
管制卡号	入库日期	现有存量	储位号	状态
	小计			

（3）物料库存值统计表。对财务会计部门而言，库存量不是重点，库存值才是需要的信息。

库存值的关键在单价。依会计的规定与管理需求，一般有标准单价法、加权平均单价法、最新时价法以及先进先出等计价方式，如表9-4所示。

表 9-4　物料库存值统计表

物料类别：　　　　　　　　　　　　　　　　　　　　　页次：

料号	品名	规格	单位	现有库存量	标准单价	标准库存量	加权平均单价	加权平均库存值
小计					—		—	

制表人：　　　　　　　　　　　　制表日期：

（二）库存异动统计表

　　库存异动统计表是针对每一料项在某一特定期间内的入、出库数量与统计而言的。这里的"期间"，可能指的是"日"，也可能指的是"周"与"月"，甚至是"年"。一般有"入出存"报表形式及各项异动的加总数量（必要时为总值）的形式两种。后者经常列出入库与出库的下属异动，例如购入验收、外协加工验收、余料退库、盘盈、其他入库，以及定额领料、外协加工领料、退回厂商、报废、盘损、超耗用料、其他出库，个别予以加总，供各部门根据各自的管理用途参阅，可以替代原表单多联的"通知"功能，如表 9-5 至表 9-9 所示。

表 9-5　入库日报表

单据种类：　　　　　　　　　　　　入库日期：

验收单号	品名	规格	代号	单位	数量	单价	金额	厂商	请购单编号	备注

经理：　　　　　　　主管：　　　　　　　组长：　　　　　　　填表：

表 9-6　物料收发日报表

年　月　日

物料名称	物料编号	订单数量	本日进货	累计进货	未进数量	本日出货	出货累计	库存	退货	
									本日	累计

制表：

表 9-7　物料库存日报表

年　月　日

物料名称	物料编号	昨日结存	今日进库	今日出库	今日结存	安全存量	订购点	备注

制表：

表 9-8　物料领用月报表

年　月　日

料名	规格	单位	前月结存量	本月领料	本月耗用		本月结存量	备注
					耗用量	他用		

厂长：　　　　　经理：　　　　　主办：　　　　　填表：

表9-9　物料收支月报表

年　月　日

名称	规格	单位	上期结存	本期领入	本月发出		本月结存	备注
					用途	数量		

厂长：　　　　　　　　　　主管：　　　　　　　　　　填表：

注：本表一式三份，一份自存，一份交厂务，一份交会计。

（三）特别功能报表

例如"呆料分析表"及"安全存量警示表"，就是具有代表性的报表。

"呆料分析表"大多要求区分"时间性呆料""设计变更性呆料""不良性呆料"等性质，且依"品类"区分为宜，其格式如表9-10所示。

表9-10　呆料分析表

制表人：　　　　　　　　　　制表日期：

料别	料号	品名	规格	单位	现有库存量	标准单价	库存值	呆料状态
五金类								
料别小计								
电子元器件类								
料别小计								
……								
料别小计								
总额								

"安全存量警示表"则最简单，一般以"日"或"周"为频率，查核库存管制账，其现有库存量低于安全存量水准的，以例外管理原则列在此报表内，作为采购决策的依据，其基本格式如表9-11所示。

表9-11 安全存量警示表

制表人：　　　　　　　　　　　　　　　　　　　　　　　制表日期：

料别	料号	品名	规格	单位	现有库存量	安全存量水准	差量水准	建议采购量
五金类								
塑胶料								
电子元器件类								
……								

以上"建议采购量"一般为虚栏，由使用单位或决策主管填写，直接交采购主办人员凭此订购。

（四）稽核性报表

为维护料账的准确性，有时必须进行稽核。其做法是选取近期异动较频繁的物料，先到储位上检查"库存管制卡"上记载的异动较频繁的期间（某月某日到某月某日），再在库存管制簿（或运用计算机程序）上列出此期间的各笔入出库明细，借此核对记账的准确度，从而了解仓管员记账作业的情况，其格式如表9-12所示。

表9-12 料别库存异动明细表

料别：　　　　　　　　　　　　　料号：
开始日：　　　　　　　　　　　　截止日：
品名：　　　　　　规格：　　　　　　单位：

日期	表单号	入库量	出库量
小计			